Mit viel Spaß beim
Lesen!

Anette Welp

3.12.2006

Anette Grüßgen-Welp • Ex und hopp

Anette Grüßgen-Welp

Ex und hopp

Liebesspiel und Mordeslust

Orca-Verlag

Die Deutsche Bibliothek - CIP-Einheitsaufnahme
Ein Titeldatensatz für diese Publikation ist bei Der Deutschen Bibliothek erhältlich
ISBN 3-935247-00-1

Alicestraße 42 • D-63075 Offenbach
Fax 069-86710489 • Tel. 069-86710488

ISBN 3-935247-00-1
Erste Auflage
2000

Satz und Lektorat:
Anette Grüßgen-Welp
Umschlagfoto:
Jägerin mit Gewehr, 1930/female hunter with gun;
VE 17832969 / Voller Ernst

Printed in Germany

INHALT

* (Erstmals veröffentlicht in: Kopf**wirbel**seelen**sturm**. Frauen schreiben aus dem gewöhnlichen Leben. 1. Literarische Ausschreibung für Frauen im Kreis Groß-Gerau. Hrsg.: Margit Weinzierl-Baumann und Barbara Akdeniz)

Annonce unter: Bekanntschaften

Männerfressende Frau
zieht sie lautlos
in ihr Netz -

Wünscht sich einen,
der ihr das Fressen
einfach verbietet.

Ene mene meck

Peter liest das grüne breit über die weiß verschmutzte Parkhauswand angebrachte Schild FRAUENPARKPLATZ, macht die Augen zu, schaltet sein Gehirn auf Notstrom und parkt seinen Mercedes auf dem letzten freien Stellplatz. Dann löst er seinen Gurt, steigt aus, verlässt sein Auto und geht Richtung AUSGANG.
„Hallo, hallo, junger Mann!“
Das war zu erwarten, dass diese Tat nicht ungestraft bleibt. Denn diese schrille Stimme gehört einer Frau.
Da hat Peter plötzlich eine Idee. Er wünscht sich, diese Stimme nicht mehr hören zu müssen. Prompt schalten sich seine Ohren ab. Peter hört nichts mehr.
„Junger Mann - Sie stehen auf einem eigens für Frauen reservierten Parkplatz!“
Peter setzt einen Fuß vor den anderen, dreht sich nicht um, ignoriert die völlig verdutzte Frau und lässt sie stehen. Die Frau rennt hinter Peter her, holt ihn ein und baut sich vor ihm auf.
„Sind Sie taub? Ich spreche mit Ihnen!“
Peter wünscht sich jetzt, auch nicht mehr sehen zu können. Kaum hat er die Idee zu Ende gedacht, geht sein Wunsch in Erfüllung. Sein Sehnerv quittiert den Dienst.
Immer wieder hat er sich auf einen Frauenparkplatz gestellt. Doch nie war ihm so etwas passiert. Frauenparkplatz - was für eine unsinnige Einrichtung. Sollen die Frauen doch einen Selbstverteidigungskurs machen. Sie sind ja sonst nicht auf den Mund gefallen und posaunen überall herum, sie seien das starke Geschlecht! Na bitte! Diese emanzipatorischen Auswüchse gehen ihm schon lange auf den Nerv.
Offenbar hat er es nun aber mit einer besonders hartnäckigen Frau zu tun. Sie gibt nicht auf! Sie scheint ihn zu beschimpfen. Peter hört und sieht die Frau nicht. Aber er glaubt sie ganz nahe bei sich zu spüren. So kann er nur erahnen, was sich vor seiner Nase abspielt.
Apropos Nase. Diese Frau hat ein penetrant riechendes Parfum aufgetragen. Diese Mischung aus Benzin- und Parfumgestank ist

unerträglich. Ärgerlich kommt Peter der Gedanke, nichts mehr riechen zu müssen. Jetzt geht es ihm besser.
Plötzlich spürt Peter ihre Hände auf seinen Schultern. Das ist doch nicht möglich! Jetzt wird sie auch noch handgreiflich. Eine Frau, die sich offenbar doch ganz gut zur Wehr setzen kann.
Nun reicht es Peter gänzlich. In seinem Kopf kreist nur noch ein einziger Gedanke. Er muss unsichtbar werden, damit er sich den Berührungen dieser Frau nicht mehr aussetzen muss.
Völlig verdutzt sieht sich die Frau um. Dreht sich einmal um sich selbst. So etwas hat sie noch nie erlebt, dass ihr ein Mann trotz ihrer Hartnäckigkeit folgenlos entwischt. Sie schaut auf den Parkplatz. Der Mercedes steht immer noch dort. Die Frau geht auf den Wagen zu, schaut hinein, schaut unter den Wagen. Anschließend läuft sie durch das Parkhaus. Der Mann ist weg. Einfach verschwunden.
Peter steht da und schaut dem Geschehen zu, ohne entdeckt zu werden. Er muss plötzlich lachen. Sein Lachen hallt gespenstisch durch das Parkhausgewölbe. Verwirrt steigt die Frau in ihr Auto und verlässt entsetzt das Parkhaus.

Rita zieht eine Parkkarte und fährt mit ihrem Landrover rasant auf die Frauenparkplätze des Parkhauses zu.
Mist, kein Frauenparkplatz frei. Sie will gerade auf die Auffahrt zur ersten Etage abbiegen, als sie zuerst gegen und dann über etwas rollt. Rita hört einen tiefen männlichen Schrei. Sie sieht verdutzt in den Rückspiegel. Nichts zu sehen. Sie stoppt ihren Wagen und steigt aus. Weder hinter noch unter ihrem Wagen kann sie den Mann entdecken, dessen Stimme sie gerade gehört hat. Sie glaubt an einen üblen Scherz, steigt ein und fährt weiter.

Zuerst hört man noch Peters Wimmern. Aber auch das geht vorbei. Sein Mercedes wird nach drei Tagen abgeschleppt. Der Fahrer ist unauffindbar. Er hinterlässt eine Frau, zwei Töchter, einen Hund und ein wunderschönes Anwesen. Und einen Frauenparkplatz.

Frau

Ja! Still soll sie halten -
hat sie's denn immer noch nicht begriffen
dass!
Mann den Ton angibt.
Ja! Schweigen soll sie
wenn!
Mann jetzt auf die sanfte Tour
ihr Herz zerschneidet
Ja! Ihren *Mann* soll sie [ver]stehen -
Verdammt noch mal
wir sind eine Herrenwelt:
du und ich
Mann und Frau und Kind.
Ja, mein Kind,
ja, meine Tochter
Du sollst es später leichter haben.

Die Versuchung

Einmal habe ich geküsst, deine Lippen, deine Wangen, deine Brust. Einmal habe ich geküsst, habe gedacht: einmal ist keinmal - tat es immer wieder, immer wieder. Ich habe geküsst, gerne geküsst, liebkost, staunend dein Gesicht in meine Hände genommen und deine Wärme zu spüren geglaubt.

Nur einmal, dachte ich bei mir, nur einmal schlafe ich mit dir, gebe meinen Körper, gebe meine Seele in dein Herz. Nur einmal. Nur ein einziges Mal, dachte ich. Und aus einmal wurde zweimal, wurde Sucht. Sucht nach dir, Sucht nach deiner Wärme, Sehnsucht.

Und immer wieder, wenn wir uns sahen, stieg die Lust in meinen Verstand und machte ihn blind. Lust und Sehnsucht gebaren Träume.

„Es ist Liebe", hauchte die Lust in mir.

„Es ist tiefe Liebe", stöhnte die Sehnsucht und ich konnte nicht entrinnen, weder der Lust noch der Sehnsucht.

Meine Träume wurden groß und mächtig. Mit jedem Anruf stieg die blinde Liebe in mein Herz und wühlte sich hoch in meinen Verstand.

Meine Arme fielen zu Boden. Meine Schritte wurden schwer. Mein Kopf krachte auf Marmorplatten. Die Angst schrie in mir. Sie schrie dich an, machte alles kompliziert. Worte ersetzten Gefühle, aber Worte im Zeichen der Liebe gab es nicht.

Deine starken Arme ließen mich fallen, tief fallen in die Welt der Lügen und des Hasses. Die Wärme schwand. Der Hass küsste mich innig.

Liebelei

wenn es ernst wird
laufen wir weg

wenn uns der Liebeshunger packt
ja, dann fasten wir gemeinsam

wenn wir uns für einander entdecken
dann trennen wir uns schnell

Liebeaus

Begegnung

Begegnung
die nie sein durfte,
verwirrt sehe ich dich an
und hoffe auf
- nichts -
denn es wäre besser so

Begegnung
mit sanften Augen-Blicken
Begegnung
auch mal eine zärtliche
- aber unbeabsichtigte -
Begegnung

Aufatmen,
wenn du kommst ...
Aufatmen,
wenn du gehst ...

Ex und hopp

Gesa trinkt das dritte Glas Weißwein. Es ist 20.30 Uhr. Langsam verschwimmen die Umstände, die sie zur Alleinsitzerin an diesem Abend machen. Er wollte kommen. Er hat es ihr versprochen.
Gesa hat den Tisch gedeckt mit Weißbrot, Lachs und Kaviar. Radicchiosalat, Tomaten mit Mozzarella, frisches Basilikum. Alles für ihn.
Vielleicht hat er noch einen Termin in der Stadt. Vergeblich versucht Gesa, Julius über Handy zu erreichen.
„Der Teilnehmer ist nicht zu erreichen", haucht eine Frauenstimme aus dem Hörer. Warum schaltet er sein Handy aus?
Gesa nippt an ihrem Glas. Ach, vielleicht ist alles ganz harmlos, versucht sie sich zu beruhigen.
Aber eigentlich ist das nicht das erste Mal, dass er sie sitzen lässt. Natürlich hat er immer einen Grund für sein Nichtkommen. Gesa beginnt zu essen. Der Abend war sowieso wieder gelaufen.

21.05 Uhr. Wieder wählt Gesa die Handynummer, die sie inzwischen auswendig kann. 0171-8894 ...
„Der Teilnehmer ist nicht zu erreichen."
Verdammt! Gesa wirft das Telefon auf das Sofa. Sie gießt sich den Rest Weißwein in ihr mit Lippenstift beschmiertes Glas. Jetzt kommt sie sich ziemlich blöd vor. Ihr ganzes Leben hat sie auf diesen Mann ausgerichtet. Julius ist schon zu einer Manie geworden. Und jetzt sitzt sie gestylt, im kleinen, engen Roten mit hochhackigen Pumps auf ihrem Sofa. Ungemütlich fremd in ihrer eigenen Wohnung. Gesa macht den Fernseher an. Sie erträgt die Stille nicht mehr.

22.30 Uhr. Sanft küsst Julius die Frau im roten Kleid. Wie schön sie ist!
Gesa schreckt auf und schaut verwirrt auf ihre goldene Armbanduhr. Ein Geschenk von Julius. Als Gesa zu sich gekommen ist, schaut sie ihn fragend an.
„Wo warst du?"
„Ich hatte noch einen Termin in der Kölner Innenstadt."

„Wieso war dein Handy ausgeschaltet? Und wieso kannst du mir nicht Bescheid geben, wenn es später wird?"
Julius holt sein Handy aus der Hosentasche.
„Oh, das habe ich gar nicht bemerkt. Zwar habe ich mich gewundert, dass niemand anruft, aber ..."
Gesa sieht ihn ungläubig an. „Du lügst!"
Ein Hauch Opium von Yves Saint Laurent fliegt ihr entgegen.
„Du lügst!", schreit sie ihn plötzlich an. Heute wollte sie sich ihre Vermutung, die sie im Grunde schon lange hatte, nicht ausreden lassen.
Gesa steht auf, greift nach dem Brotmesser und kommt Julius bedrohlich nah.
„Mir reicht es! Gib es zu, du betrügst mich!"
Julius bemüht, Gesa mit Worten zu beruhigen, zündet sich nervös eine Zigarette an.
„Gesa, leg' bitte das Messer auf den Tisch!"
Dann dreht Julius sich einfach um, wohl wissend, dass er sich ihr für Sekunden ausliefert und betritt den langen, mit Blumen geschmückten Balkon des Colonia-Hochhauses. Er atmet die frische Nachtluft ein. Dann zieht er an seiner Zigarette und dreht sich in Richtung Terrassentür.
Erstarrt lässt er die Zigarette fallen. Gesa steht vor ihm, bewaffnet mit einem Revolver.
„Mach doch keinen Unsinn, Gesa! Okay, ich gebe zu, dass ich mit einer Frau zusammen war. Aber ehrlich, es war nichts. Wir waren Essen. Mehr nicht!"
„Ja, weil sie vielleicht nicht wollte!"
„Ach Gesa, ich komme oft mit Frauen zusammen. Das ist mein Beruf. Soll ich dir das jedes Mal erzählen? Du flippst ja doch aus!"
Gesa spürt, wie ihr das Blut in den Kopf schießt. Außer sich vor Wut richtet sie die Waffe auf Julius.
„Nein, tu das nicht! Ich liebe dich - so glaub' mir doch!"
In seiner Verzweifelung springt Julius auf das Balkongeländer.
„Ich beweise es dir. Guck - Ich liebe dich! Ich liebe dich!", schreit er in die Nacht, während er versucht, auf dem im neununddreißigsten Stockwerk befindlichen Geländer des Colonia-Hochhauses zu balancieren.

Gesa legt die Waffe auf den Boden. Sie muss plötzlich lachen. Mein Gott, sind Männer einfältig. Wie ein Kind spaziert er auf dem Geländer herum und glaubt, damit seine Unschuld zu beweisen.
Vorsichtig nähert sie sich Julius. Lächelnd tippt sie ihn mit ihrem schlanken Zeigefinger am rechten Bein an.
Entsetzt sieht Julius Gesa an, strauchelt, kann sich noch einmal fangen.
„Um Himmelswillen! Was tust du?"
Dieses Mal umfasst Gesa sein Fußgelenk und stößt es von sich. Julius fliegt in die dunkle Nacht davon. Aus ihrem Leben.

Missverständnisse

Du darfst es nicht missverstehen,
Wenn ich nach Luft ringe,
Wenn mein Atem kurz wird -
Verstehe es als Rebellion.
Verstehe es als meinen Widerstand!

Dein Handeln passt selten in meine Absichten.
Du sollst es also richtig verstehen,
Wenn ich nach Luft ringe,
Wenn meine Stimme lautstark wird.

Es ist Zorn -
Keine Schwäche!
Die Überwindung fordert.
Verstehe es als Wut allein gegen dich.
Dann verstehen wir uns wieder ein Stückweit.

Die Verwandlung

Schon wieder hat er in ihr Gesicht geschlagen. Rücksichtslos hat er seinem Egoismus nachgegeben. Und sie hat wieder nicht sofort erkannt. In ihr brodelt der Hass. Hass gegen sich selbst und gegen ihn. Vor allem gegen ihn.
Sie wendet ihr Gesicht von seinem. Ihre Augen füllen sich - ein Gefühl, das ihr schon vertraut ist.
Heute bekommt er ihre Verwandlung mit. Sie will sich nicht mehr in Sicherheit bringen. Sie lässt sich gehen. Ihre Hände krallen sich in die Jeanstaschen. Fingernägel schmerzen, so fest ist ihr Griff. Ihre Schultern arbeiten. Stolz und Hass vermischen sich. Sie wächst über sich hinaus. Er steht hinter ihr. Fassungslos.

Sie hat erst hinterher erzählt. Er hat immer zugehört - ernst nimmt er sie nicht. Sie weiß, er will sich nicht verändern, sich auf sie einstellen. Er will eine verfügbare Frau, die stillhält, schweigt, ihre Wünsche unterdrückt. Eine willenlose Frau.

Er reißt entsetzt seine Augen auf, als er ihre wachsenden Schultern sieht. Das Gesicht hat sie weißen Wänden zugewandt. Schatten verraten, dass in ihrem Gesicht etwas passiert. Das Jetzt - unaufhaltsam. Das weiß sie. Er ahnt es.
Sie ist sicher, dass es heute der letzte Abend sein wird, den sie zusammen verbringen können. Dieser Abend - das Ende aller Demütigungen, aller Verzweifelungen, das Ende vieler Kämpfe. Es waren Kämpfe oft um ihn, manchmal um sie. Sie war die Verliererin. Nach außen. Welche Welten sich in ihr immer abgespielt haben, das weiß er nicht.
Nachts hat sie Alpträume, in denen sie sich aufbäumt, zuschlägt, Träume, in die sie ihre ganze Wut hineinpumpt. Tags gehen ihre Kämpfe, ihr Zorn nach innen. Der Mann vor ihr bleibt verschont.

Ihre Veränderung ist weit fortgeschritten. Und sie tut es. Sie wird groß. Ihre Augen füllen sich mit Schwarz. Wie ein geschmeidiges Tier dreht sie sich zu ihm herum. Sie fühlt seinen heftigen Atem, riecht seine Angst. Seine Füße machen keinen Schritt.

Langsam bewegt sie sich auf ihn zu, zeigt Zähne und Pranken. Mit einem Griff hält sie diesen schweißverklebten Mann vor ihre zu schmalen Schlitzen verengten Augen. Sein Körper hängt zwischen ihren Krallen. Panische Angst in seinen Augen. Im Wechsel öffnet, schließt sie ihre Pranken. Sein sonst so straffer, durchtrainierter Körper fühlt sich weich an. Widerstandslos.
Und sie drückt zu, nur ein bisschen, treibt ihre Spielchen, beobachtet ihn und die Erschrockenheit in seinen kleinen Augen.
Bei dem Gefühl, ihn endlich in der Hand zu haben, packt sie Euphorie. Sein Körper verfärbt sich in kräftige Rotblautöne. Hautstellen platzen auf.
In absoluter Besinnung beißt sie ihm den Kopf ab. Blut spritzt auf ihre sich öffnenden Pranken. Widerlich ist der rote Geschmack in ihrem Mund. Sie spuckt ihn aus. Regungslos liegt sein Körper vor ihren Füßen. Sein Kopf ist in die Ecke gerollt, verdrehte Augen starren sie an.
Beruhigt kehrt die Frau die Reste mit einem Besen zusammen, wäscht das langsam trocknende Blut von den weißen Wänden.

Gegen Abend gießt sie sich ein Glas Rotwein ein. Als sie an dem Glas nippt, muss sie sich übergeben. Der Gedanke an das, was er ihr zugemutet hat, ist immer noch unerträglich. Das wenig erleuchtete Zimmer lässt sie ruhig werden und endlich gedankenlos.

Männer

Ich will keine
schlafenden Wölfe
wecken
in ihren so geordneten
Träumen stören
keine Illusionen gebären
sie tanzen lassen
mit mir
- auf Zeit -

Heute
werde ich euch nicht mehr wecken
aus euren glitschig-glatten Gedanken
die keine Sprünge zulassen

Ich werde den schlafenden Wölfen
Adieu ins Ohr flüstern
und:
mich auflösen.

Was bleibt ist mein Schatten
und die Illusion
die ich euch vorgeschwängert habe -
aber ihr werdet in Leere greifen.

Mausetod

Margot fuhr sich unwillig mit ihren kalten Fingern durch die Haare. „Sag mal, musst du ständig flirten? Falls du es noch nicht bemerkt haben solltest, ich stehe neben dir! Das scheint dich überhaupt nicht zu stören!“
Thomas grinste sie breit an. „Ach Mausi, sei doch nicht so empfindlich! Ich mache doch gar nichts.“ Er putzte sich den Schnee aus dem Schnäuzer, stellte sich in Position und skierte den Abhang hinunter.
Margot verzog ihre Mundwinkel. Mausi! Bärli! Wie sie diese Verniedlichungen hasste. Sie setzte langsam ihre Skier in Bewegung und kurvte vorsichtig im Schneepflug den Berg hinunter.
Margot war blutige Anfängerin. Eigentlich war Skifahren nie ihr Traum gewesen. Sie hasste den Winter mit seiner klirrenden Kälte, die Nässe, das grelle Licht, wenn die Sonne auf den Schnee fiel. Und vor allem hasste sie die großen Anziehaktionen. Margot aalte sich lieber in der Sonne, bekleidet mit einem Bikini oder am liebsten nackt. Sie hatte mit ihren zweiundvierzig Jahren eine Top figur.
Auch Thomas hatte sich kaum verändert. Er war groß und muskulös. Lediglich sein graues Haar ließ ihn immer älter erscheinen, als er tatsächlich war. Er war sich seiner Wirkung auf Frauen bewusst!
Thomas liebte Skiurlaube. Bisher war er immer mit seinen Freunden gefahren. Aber nachdem die Frauen einstimmig ihren Unmut kundgetan hatten, wurden sie in die nächste Urlaubsplanung von ihren Männern einkalkuliert. Ausnahmsweise! Sie wollten ihren Frauen beweisen, dass man sie sehr wohl ohne Bedenken auf die Piste lassen konnte. Das hatten sie zumindest beschlossen.
Aber Thomas konnte es einfach nicht lassen. Wenn er nur einen weiblichen Hintern sah, lange Haare oder von weitem die Silhouette einer weiblichen Figur, setzte bei ihm die Hirntätigkeit aus. Ohne Umwege fuhr er direkt in sein Vergnügen.
Als Margot an der Hütte ankam, wartete Thomas bereits auf sie. „Na, Bärli, klappt's? Macht es dir wenigstens ein bisschen Spaß?“
„Geht so. Ich bin noch ziemlich unsicher. Und jetzt ist mir auch kalt. Lass uns ins Hotel gehen. Wie wäre es mit einem gemeinsa-

men heißen Bad und einem Abend im Bett? Wir lassen uns etwas auf unser Zimmer bringen.“
Thomas Augen leuchteten. Margot wusste, wie sie ihn fangen konnte.
„Nichts dagegen, Mausi und dann werde ich dich so richtig verwöhnen!“
„Na, dann zeig mir mal, wie fit du nach so einem anstrengenden Tag bist!“, hauchte Margot und blinzelte ihn keck über ihre Sonnenbrille an.

Margot steckte ihren großen Zeh in das heiße, schaumige Wasser. Dann stieg sie vorsichtig in die große, ovale Badewanne und verschwand hinter weißen Schaumbergen. Thomas reichte ihr ein Glas Champagner.
„Ich komme auch sofort zu dir. Ich muss nur noch schnell unser Essen bestellen - für hinterher.“ Er lächelte sie vielversprechend frech an.
„Aber sag dem Kellner, er soll sich Zeit lassen. Und bestell nicht so üppig. Ich habe nicht viel Hunger!“
Thomas ging. Margot tauchte in das warme Wasser. Es war wie früher. Thomas konnte so sexy sein und eigentlich verstanden sie sich doch ganz gut. Margot fühlte ein Kribbeln in ihrem Bauch. Sie war immer noch scharf auf diesen Mann. Sie lehnte ihren Kopf an den Wannenrand und träumte von dem, was folgen sollte.

Margot musste eingeschlafen sein. Sie spürte, wie sie beim Einatmen Wasser in die Nase einsog. Abrupt richtete sie sich auf und rang nach Luft. Als sie sich wieder gefangen hatte, spürte sie die Kälte des Wassers. Der Schaum hatte sich inzwischen aufgelöst. Nur noch einzelne Blaseninseln waren auf dem kühlen Wasser zu sehen.
„Thomas?“ Margot stieg aus dem kühlen Nass und ging ins Schlafzimmer. Der Raum war dunkel, das Bett unberührt. Ein Blick auf die Uhr zeigte ihr, dass sie zwei Stunden im sich langsam abkühlenden Wasser geschlafen hatte. Margot zog sich rasch an und ging hinunter.
Von weitem schon hörte sie Thomas lautes Lachen. Er saß da mit seinem Freund Stefan. Bei ihnen zwei langhaarige Schönheiten.

Margot erstarrte. Die Wut kam schneller, als ihr lieb war. Aber sie bemühte sich, ruhig zu bleiben. Margot holte sich einige Häppchen am Büfett und ging wieder auf ihr Zimmer. Sie zog sich aus, legte sich ins Bett und starrte an die Decke. Sie musste nachdenken. In ihrem Kopf ratterte es unaufhörlich. Der restliche Champagner würde ihr heute Nacht in den Schlaf helfen.
Der Alkohol zeigte Wirkung. Margot hörte nicht einmal, als Thomas zu ihr ins Bett kroch. Das war ihm nur Recht, denn er hatte sich schon verausgabt, allerdings bei einer anderen Dame.
Thomas war froh, dass ihn keine Szene erwartete und Margots Gesicht schien so entspannt, dass auch morgen früh nichts zu befürchten war. Stefan würde ihm ein Alibi liefern und die beiden Damen würden bei Frühstücksbeginn schon längst auf dem Nachhauseweg sein. Es waren also keine Komplikationen zu erwarten.

Margot blinzelte dem Tag entgegen und in Thomas Gesicht. Sofort fiel ihr der gestrige Abend ein. Rasch stand sie auf, ging ins Bad, um zu duschen und kleidete sich an. Thomas bemerkte von all dem nichts. Er schlief wie ein Baby.
Das Frühstückszimmer war schon ziemlich voll. Margot suchte sich einen einzelnen Tisch, nachdem sie ihren Teller am Frühstücksbüfett gefüllt hatte. Heute würde sie zum ersten Mal gerne in ihre Skistiefel steigen, die grelle Sonne genießen und locker beschwingt den Berg hinabgleiten. Zum ersten Mal atmete Margot die frische Schneeluft bewusst ein. Sie befreite ihren Körper, ihre Seele von allen Lasten, die sie seit Jahren mit sich trug. Sie genoss den Tag in vollen Zügen.

Als Margot am frühen Abend ihr Zimmer betrat, lag Thomas immer noch im Bett. Vorsichtig legte sie ihre Hand vor seinen Mund und seine Nase. Kein Atemzug zu spüren. Margot rief in der Rezeption an und verlangte nach einem Arzt. Sie war Krankenschwester. Aber hier war zweifellos ein Arzt gefragt.
Der Arzt untersuchte Thomas gründlich. Immer wieder schüttelte er den Kopf. Margot und Regina standen still im Türrahmen. Thomas lag regungslos da. Der Arzt konnte nur noch seinen Tod

feststellen. Der Herzstillstand musste gegen Mittag eingetreten sein.

Diesmal gab Regina das Alibi. Stefans Frau konnte bestätigen, dass sie und Margot den ganzen Tag zusammen waren, draußen auf der Piste. Nächstes Jahr würden sie wieder in den Skiurlaub fahren. Dann war Stefan an der Reihe.

Meine Liebe - deine Liebe

Meine Liebe für dich
tief und stark

Meine Liebe zu dir
sicher langatmig
nicht zu fordernd

Aber alles hat seinen Preis -
ja leider!
Meine Liebe
ein Geschenk an dich -

Sie kostet nichts

außer:
deine Liebe.

Eine Radierung mehr

Sein langersehnter Anruf. Sie blubbert. Er blubbert. Momente lang ein Zeichen tiefer Zuneigung. Dann Schweigen. Zuneigung saugt sich durch den Telefonhörer zurück zum Absender. Der Empfänger bleibt unberührt.
Sie legt den Hörer auf; krönt Schweigen durch technische Unterbrechung. Nachdenken. Blut zirkuliert dickflüssig in ihren Adern. Sie können sich nicht in Ruhe lassen. Trotz vieler Katastrophen.

Er kommt.
Sie setzt sich in den Sessel, legt die Beine übereinander. Darauf ihre langen violettlackierten Fingernägel. Angriff ausgeschlossen.
Er fühlt sich ausgeliefert. Gefühle stammelt er in feuchtwarme Sommerluft. Halbwahrheiten.
Aber sie kennt die Wahrheit.
Seine Augen sprechen. Seine Stimme versagt.
Sie öffnet nur Ohren. Sie verharrt. Starre Haltung. Kein Ton will ihm seine Anwesenheit erleichtern. Sie spürt: kein Ende. Sie sagt es ihm nicht.
Er weiß es. Sein Schweigen setzt ihn in diesem Moment ins Aus.
Langsam schließt sie die Tür.

Nachts radiert sie ein wenig in ihrem Herzen herum und weint vor Zorn.

Alte Liebe

Manchmal ist es gut
zu wissen
dass auch ich Narben hinterlasse
und
nicht nur meine Wunden
pflegen muss.

Gleichgewicht

Gleichgewicht
in deinen Worten
mal ein Ja mal ein Nein
Tendenzen zu erkennen
kein Kinderspiel.

In meiner Zurückgezogenheit
den Ablauf der Worte verfolgend
kommt mir die Erkenntnis
das kein Gleichgewicht
deine Worte halten.

Aus meinem Kopf werfe ich dich
lasse Brände in mir abkühlen
stirbst mir im Herzen
dieses eine Mal lasse ich es zu
denn mein Gleichgewicht
hält mich am Leben.

Der Fischmann

Wenn Herr S. aus T. abends nach einem anstrengenden Arbeitstag erschöpft sein Haus betritt, gibt es für ihn nur ein Ziel.
Nachdem er seine Frau begrüßt hat, zieht es ihn zunächst einmal in sein Zimmer. Es befindet sich im obersten Stock unter dem Dach. Herr S. holt den einzigen Schlüssel, den es zu diesem Zimmer gibt, aus seiner Hosentasche. Diesen Schlüssel hat er immer bei sich.
Er öffnet die Tür. Ein gedämpft warmer Lichtstrahl taucht das Zimmer in sanftes Grün. Herr S. lässt sich in den Sessel sinken. Er sieht auf diese überdimensional große Scheibe, hinter der sich alles verbirgt, was ihn glücklich macht: seine bunte Fischwelt.
Mit großer Liebe und Sorgfalt hat er sich diese Welt eingerichtet: die Süßwasserfische, die Pflanzen, die Steine und Wurzeln. Wenn er dann seine Abendstunden vor dieser Welt verbringt, fallen alle Sorgen und Ängste von ihm ab.

Eines Tages hat Herr S. seine Liebe zu diesen scheinbar kalten Tieren entdeckt. Anfangs hat Sophie dieses Hobby auch unterstützt. Sie kaufte massenhaft Bücher, Zeitschriften und Zubehör für die Aquarienpflege zu allen Gelegenheiten.
Doch immer öfter sitzt sie nun vor Herrn S., der sich in seine Lektüre vertieft hat und sich kaum zu einem Gespräch bewegen lässt. Fortan beschäftigt er sich nur noch mit seinen Fischen.
Sophie hingegen sitzt im Wohnzimmer. Sie schlummert leicht vor sich hin, während sie ein Buch über Fische liest. Ein neuer Versuch, sich Herrn S. *fischweise* anzunähern.
Natürlich hat auch sie Interessen. Aber das Alleinsein hat sie satt. Das tut der besten Ehe nicht gut. Sie hat Herrn S. vor gut acht Jahren geheiratet, weil sie sich eine gemeinsame Zukunft mit ihm wünschte. In den ersten Ehejahren haben sie ihre Abende gemeinsam verbracht, ohne Wasser, ohne Fische und ohne Algen. Sophie wird schläfrig. Ihre Gedanken fliegen fort, weit fort.

Sophie traut ihren Augen nicht. Denn als sie in der Nacht erwacht, sieht Herr S. so merkwürdig aus. Sein Gesicht hat sich verändert. Seine Augen sind rund und glubschig. Sein Mund ist

spitz nach vorne gewölbt und die Lippen sehen wulstig aus. Sophie glaubt an einen Traum und versucht, weiter zu schlafen.
Doch am nächsten Morgen, als sie am Kaffeetisch sitzen, sieht Sophie, dass sie nicht geträumt hat. Der Kopf ihres Gatten hat die Form eines Fischkopfes. Sein Äußeres passt sich diesen schuppigen Amphibien an. Der Körper wird kleiner und die Haut schorfig. Der Atem geht schwer. Und das Schlimmste ist, wenn er spricht, kann man ihn kaum verstehen.
„Goton Morgon, Sopho. Do host doch got goschlofon?" Diese Frage lässt keine Antwort offen.
Auch verlangt Herr S. nach anderen Speisen. Er trinkt morgens nun nicht mehr Kaffee, sondern Grünen Tee, zubereitet aus dem Wasser des nahegelegenen Schwarzbaches. Zum Frühstück will er keinen Aufschnitt auf sein Brötchen, sondern selbst zubereitete Algenpastete.

In der darauf folgenden Nacht, in der Sophie einfach keinen Schlaf finden kann, sieht sie sich ihren Ehemann genau an. Seine Ohren scheinen sich zurück zu entwickeln. Stattdessen befinden sich neben den Ohren kleine Löcher, die zu Kiemen heranwachsen. Seine Haare fallen aus und auf seinem Kopf befinden sich neuerdings Schuppen, die in den verschiedensten Farben schimmern. Seine Gliedmaßen schrumpfen. Die Arme sehen nicht mehr wie gewöhnliche Arme, sondern wie flossenartige Gebilde aus. Und auch die Beine scheinen von oben nach unten zusammenzuwachsen.
Und tatsächlich: Am nächsten Morgen fällt Herrn S. das Gehen schwer. Er kann nur noch mit kleinen Schritten vorankommen.
Sophie beobachtet diese schnelle Entwicklung mit Entsetzen. Sie ist nun an die Grenzen ihrer Akzeptanz geraten. Es ist nicht mehr Wut, es ist Mitleid, das sie empfindet, wenn sie Herrn S. sieht.
Aber Herr S. reagiert einfach nicht auf ihre Einwände, auf ihre verzweifelten Wutausbrüche. Seine Reaktion besteht lediglich darin, dass er sich zurückzieht. Inzwischen schlurft er, ohne sich auch nur nach ihrem Befinden zu erkundigen, sofort in sein Fischzimmer. Sein Interesse an Sophie sinkt, doch seine Affinität zu den bunten Fischen im Aquarium wächst von Tag zu Tag. So geht das Leben an dem Ehepaar S. aus T. vorbei.

In der dritten Nacht wacht Sophie plötzlich auf. Herr S. liegt nicht neben ihr. Sophie steht auf, geht in das oberste Stockwerk und lauscht an der Tür des Fischzimmers. Außer Geplätscher kann sie nichts hören. Vorsichtig öffnet sie die Tür, die Herr S. nie abschließt, wenn er sich in dem Zimmer befindet. Sophie bleibt stehen und starrt in das große Aquarium.
Mitten in diesem schwimmt ihr Gatte zwischen all den bunten Fischen herum. Er ist völlig nackt. Herr S. umschwimmt eine Fischdame, die zugegebenermaßen sehr hübsch aussieht. Sophie spürt einen Stich in ihrem Herzen. Als er sich Richtung Glasscheibe bewegt, glotzt er seine Sophie an und lächelt glücklich. So hat Sophie ihren Fischmann lange nicht mehr lächeln sehen.
In ihrer grenzenlosen Wut schiebt sie die schwere Glasplatte auf den Rand des Aquariums, so dass ein Entfliehen ihres Fischgatten unmöglich ist. Sie wird ihn verhungern lassen - ihn, seine Fischdame und die ganzen anderen erbärmlichen, kalten, glitschigen Fische.
Herr S. aus T. bemerkt sogleich Sophies Vorhaben. Schnell schwimmt er nach oben und drückt mit der ganzen Kraft seines Fischkörpers gegen das schwere Glas. Doch die Scheibe sitzt fest. Sie lässt sich nicht bewegen. Der Fischmann beginnt mit seiner Schwanzflosse zu klopfen. Sein Klopfen wird immer wilder und verzweifelter.
Sophie sieht sich das Spektakel eine Weile an. Aber schon bald kann sie das Klopfen nicht mehr ertragen. In ihrem Kopf hämmert es. Sie rennt aus dem Zimmer. Rennt die Treppe hinunter. Rennt ins Schlafzimmer.
Verzweifelt wirft sie sich auf das Ehebett und bohrt ihren Kopf in ihr Kissen. Aber das Klopfen bleibt. Es wird nicht leiser. Sophie beginnt zu wimmern. Erst leise, dann immer lauter und kläglicher. Das ist das Ende ihrer einsamen Zweisamkeit. Sie ist eine Mörderin. Sie hat Herrn S. aus T. auf dem Gewissen.

Herr S. schüttelt Sophie fast ein bisschen zu heftig. Er will ihr nicht weh tun. Er ahnt, dass sie mal wieder in einem furchtbaren Alptraum gefangen ist. Und er muss sie - wie fast jede Nacht - retten.

Als Herr S. aus T. abends nach einem anstrengenden Arbeitstag erschöpft nach Hause kommt, begibt er sich sofort in den obersten Stock, um sich vor sein Aquarium in den Sessel sinken zu lassen.

Sophie sitzt derweil im Wohnzimmer. Sie liest in ihrem Kochbuch:

> *Nehmen Sie ein schweres Holzbrett, feuchten Sie es etwas an. Dann wickeln Sie den Fisch in ein kaltes, nasses Tuch und legen ihn auf das Brett. Durch einen Schlag auf den Kopf mit einem Hammer betäuben Sie den Fisch und stechen ihn mit einem scharfen, spitzen Messer kurz hinter dem Kopf tief in das Genick. Bitte beachten Sie: Flinkes und sicheres Arbeiten vermeidet einen langen Todeskampf.*

Lebenslang

Sie mit ihm
er mit ihr
gehen jeweils nur in ähnliche Richtungen
vielleicht eine Ewigkeit

besteht der dauernde Kampf
immer darin:
trotz aller Spannung
der sich fest haltenden Hände
- Richtungsänderungen zu bemerken -
und sich nicht loszulassen

hin und wieder aufeinander zugehen
dass sich seine Liebe mit ihrer Liebe
überschneidet
ein Gemeinsam möglich wird
so zu leben
- Krisenüberwindend -
vorbildlich
wenn es gelingt

Lebenslang

Die Flaschenpost

Anna fährt sich mit der Zunge über die Lippen. Salziger Geschmack. Das Segelboot schaukelt hin und her. Fast kann sie die Flasche nicht mehr sehen, die auf den Wellen tanzt. Langsam schwindet ihre Zauberkraft auf ein Minimum zurück. Wieder einmal erfolgreich hat sie sich befreien können.

Jetzt reicht's, hat sich Anna gedacht. Sie hat die Täuschungen schnell bemerkt. Sie hat die Enttäuschungen nicht verkraftet. Sie hat nicht verkraften wollen. Mit diesem Mann starb ihre Energie, ihre Fantasie und es starb die Liebe, die sie zu empfinden im Stande war.
Jetzt reicht's, hat sich Anna gedacht. Alles hat er ihr genommen. Auch das Kind in ihr. Seine Ablehnung war vernichtend. Sie hat die Täuschungen aufzudecken versucht. Sie hat sie nicht hinnehmen wollen. Doch er hat sich nicht irritieren lassen. Und weiter gemacht: getäuscht, betrogen, enttäuscht. Ihre Intuition ausgeschaltet.
Jetzt reicht's, hat sich Anna immer und immer wieder gedacht.

Und dann versprach sie ihm eine Zeitreise. Sie lockte ihn in ihre Traumwelt und verführte ihn mit all ihren Hexenkünsten. Dann reichte sie ihm den Zauberwein aus der grünen Flasche. Er trank und spürte, wie die Reise begann.
Anna sprach Zauberworte und tanzte einen Hexentanz. Der Mann wurde immer kleiner und kleiner. Er schrumpfte zum Däumling. Seine Angst wuchs ins Unermessliche. Er flüchtete in die grüne Flasche. Floh bis ans Ende der Zeit. Anna steckte den Korken auf den Flaschenhals. Sie warf die Flasche in einem hohen Bogen auf das Meer hinaus. Anna lachte laut, tanzte ihren Hexentanz und wünschte ihm eine schöne Reise.

Überlebenstraining

Ständig schlage ich Brücken
zu dir
aber
immer wieder verstehst du es
sie zu sprengen.

Stein um Stein
baue ich
kleine Brücken
große Brücken
für uns.

Aber
du springst lieber ins Wasser
um von deinem Ufer zu meinem zu schwimmen
- jedes Mal Überlebenstraining -
für uns beide.

Kurze Begegnung

Eigenwillig wirft Marla ihren Kopf in den Nacken, geht mit ihren schlanken Fingern durch die wirren Haare. Sie liest einen Artikel über Orgasmusschwierigkeiten der Frauen. Marla schmunzelt. Sie sieht auf.

Da sitzt ihr einer gegenüber, der sie beobachtet. Der Mann grinst sie mit einem so blöden, ausdruckslosen Blick an, dass ihr nicht entgeht, was in seinen Gedanken und sonst wo passiert. Gelangweilt schaut sie ihn an. Dann verlieren sich ihre Blicke im Zeitlosen. Nach Sekunden sucht sie sich wieder in ihren Artikel, liest interessiert weiter.

Der Mann gegenüber säuft Weißwein und faselt etwas auf holländisch.

Entnervt sieht sie ihn wieder an. Ihr Omelett wird lässig neben die Zeitung gestellt. Das Lokal ist voll. Sie greift nach Messer und Gabel. Hunger hat sie. Ein anstrengender Tag, aber die Sonne scheint.

Der Mann beginnt zu reden. Redet und redet. Er ist Reiseleiter. Wo er schon überall war. Die Welt ist so schön. Pilot war er auch schon mal. Irgendwann. Heute hat er Flugfreikarten, statt am Steuer eines Jets zu sitzen.

Immer noch sieht sie ihn desinteressiert an. Keine Möglichkeit, ihn an seinen Redeausbrüchen zu hindern. Er redet und redet und redet.

Hektisch stopft sie sich das Omelett in den Mund. Sie schmeckt nichts. Immer unruhiger werden ihre Bewegungen. Vom Teller das Omelett mit Messer und Gabel in den Mund.

Der unbekannte Mann ergießt sich in Bewunderungen. Wie hübsch sie doch sei. Eine tolle Frau. Seine Augen sprechen Schamlosigkeiten aus.

Warum sie denn nicht mitkommt. In die Karibik. Ein Angebot. Sie kann sich sonnen, bräunen, sich frei fühlen. Und so weiter.

Und so weiter? Ach so!

Ruhig wird sie, sieht in seine Augen. Sie kann sich nicht daran erinnern, einem Mann jemals ein solches Angebot gemacht zu haben. Aber der Mann tut das. Der Mann nimmt sich.

Als er ihr das Essen bezahlen will, schlägt sie ihm *Nein* ins Gesicht. Aber er versteht nicht. Vielleicht, weil er Holländer ist. Er kann so viele Sprachen - wie er sagt - nur ihre Sprache versteht er nicht.

Ich heiße Hans.

Marla schiebt ihren Stuhl zurück. Während sie sich aufrichtet, stemmt sie ihre Arme auf den Tisch, drückt sie durch. Langsam beugt sie sich vor und sieht ihm in die Augen.

„Du bist nur ein Mann. Das reicht mir nicht!"

Widerstand

Sie stirbt nicht mehr
an Enttäuschungen
tausend langsame Tode
hinter sich gelassen
sieht sich heute alles an.

Warnungen pfeilspitz
aus ihrem Mund
geradewegs in Herzen
friert sich nicht mehr
in täuschend echte Gefühle.

Und gelegentlich
geht sie einfach!

Der Wiederholungstäter

Clara hat die Wohnung nie gefallen. Max bestellt Möbel im Versandhauskatalog, wenigstens fünf Jahre Garantie. Eichenfarbene Glasvitrine, Front Eiche massiv, Türen und Korpus furniert, innen entsprechend gebeizt. Ebenso ein Bücherschrank, ein Sekretär und ein Fernsehtisch Eiche rustikal. Ganz zu schweigen vom Schlafzimmer. Mahagonifarbenes Doppelbett mit klobigen Beistelltischen. Ein Liebesnest zum Abgewöhnen. Max Möbel sind spießig.
Stück für Stück hat Clara sich einige Ecken erobert. Jetzt will sie wieder ein Stück. Clara hat im Keller ihrer Eltern noch ein paar Möbel untergestellt. Damals gab es keinen Platz. Zudem passten sie nicht ins Wohnbild. Max kann Veränderungen nicht ertragen. Meistens folgen Diskussionen, tagelange Machtspiele. Für Clara jedes Mal ein Kraftakt.

Max ist auf Geschäftsreisen. Seit September ist er selbstständig. Clara hat diesen Schritt befürwortet. Aber seitdem distanziert Max sich mehr und mehr. Er beteiligt sie nicht mehr an seinem Leben. Seine Arroganz und die gespielte Selbstverständlichkeit seines Erfolges sind abstoßend. Am Freitagabend wird Max zurückkommen.
Mittwoch fährt Clara mit ihrer Freundin zu ihren Eltern. Sie verstauen die Möbelstücke in dem roten Fiat Autobianchi. Zu Hause angekommen, wuchtet Clara Schränke, Kleiderständer und Truhe von einer Wand zur anderen. Bevor sie zu Bett geht, gönnt sie sich ein Glas Roten.
Der Flur ist ihr Domizil, eine der Ecken, die sich Clara frühzeitig zueigen gemacht hat. In dem Flur gibt es einen Einbauschrank, gemütliche ein Meter mal ein Meter fünfzig, mit einem gerade so hineinpassenden Schreibtisch, einen dazugehörenden Stuhl. An den Wänden sind Regale angebracht. Manchmal macht Max einfach die Schranktür zu, wenn Clara darin arbeitet. Um sie zu provozieren.
Als Clara am nächsten Abend nach Hause kommt, testet sie ihr Gefühl. Sie schließt die Tür auf. Im Flur stehen nun ihre Möbel mit ihren Büchern und den Dingen, die sie liebt.

Der Flur sieht ungewohnt freundlich aus. Kurz vor Mitternacht trinkt sie den letzten Rest Wein vom Vorabend, raucht eine Zigarette und geht zu Bett.

Am Freitag gegen 17.05 Uhr schließt Clara das Büro ab.
Der Wagen springt sofort an. Daran kann sie sich einfach nicht gewöhnen. Ihr grüner alter Skoda forderte meist viel Phantasie, bis er sich in Bewegung setzen ließ. Das ganze Innenleben des Autos bestand aus irgendwelchen Gerätschaften, die Clara im Notfall hat einsetzen müssen. Ein Abschleppseil, ein Benzinkanister und ein Abflussplumper, den sie an die Tanköffnung presste, um mit aller Kraft das Benzin in Wallung zu pumpen. Aber fast immer rief Clara Max an. Der kam dann jedes Mal mit mürrischer Miene und ließ sich um Hilfe bitten.
Als Clara vor der Haustür parkt, ist es schon 18.00 Uhr. Sie schließt die Wohnungstür auf und bleibt überrascht im Türrahmen stehen. Der Eicherustikalschrank steht siegesbewusst an seinem alten Platz. Der Kleiderständer lacht ihr hämisch entgegen. Claras Gesicht beginnt zu kribbeln, Kälte zieht in ihren Körper.
Max steht da mit nacktem Oberkörper, während Badewasser in die grüne Wanne rauscht. Max konnte noch nicht lange zu Hause sein. Aber lange genug, um die Möbel wieder an den alten Platz zu stellen. Claras Möbel sind verschwunden.
Max sagt kein Wort. Er zieht seine Jeans, den Slip und die weißen Socken aus und steigt in das heiß dampfende Wasser.

Clara klingelt bei ihrer Freundin. Die Zigaretten in der einen, den Wohnungsschlüssel in der anderen Hand. Clara zittert, fragt nach einem Schnaps. Ihr Gesicht ist seltsam blass.
Sie erzählt von der dampfenden, grünen Badewanne und von dem, was gerade passiert ist. Stockend spricht sie über seine Lieblosigkeiten, über das Schweigen zwischen Max und ihr. Und über den Hass. Ihren Hass.
Sie sucht nach Worten, die beschreiben können, wie er da lag, in der Wanne. Und von dem Fön, der ihr aus der Hand gerutscht ist. Versehentlich. Wie das Wasser unruhig wurde. Und wie das Fleisch gestunken hat.

Kinderspiel

Keine einzige Träne mehr
langsam zieht sie an ihrer Zigarette
sieht dem Regen zu
der an ihr Fenster schlägt
schreibt
trinkt Orangensaft
und lässt es sich gut gehen

Keine einzige Träne mehr
und auch kein Schweigen
Lieblosigkeiten übersieht sie
öffnet ihre Augen weit
und schreit
aus der Seele aus dem Herzen
ene mene Muh und weg bist du

Mehr als ein Stimmungstief

Der schwarze Himmel senkt sich behutsam, taucht ihre Seele ins Nichts und nimmt ihr jeden nur denkbaren Lichteinfall. Marie findet die Türen nicht.
Gefängnissen dieser Art versucht sie täglich zu entkommen. Meist vergeblich. Marie erfindet Welten, ihre ganz persönlich gefärbten Traumwelten, um das Atmen nicht völlig zu vergessen.
Hände, die ihr entgegengestreckt werden, vernimmt sie wie Schattenspiele. Marie greift in falsche Richtungen, immer knapp daneben, in Leere.
Der Ausstieg aus der Seelenwelt in die Wirklichkeit gelingt ihr immer seltener. Alltäglichkeiten wie Aufstehen, Waschen, Ankleiden, Essen und Trinken werden zu Nebensachen. Wenn der Durst brennt, wird Marie für genau diesen kurzen Augenblick wach, wie er andauert. Sie befriedigt die körperlichen Bedürfnisse unter größten Anstrengungen und taucht schnell wieder erschöpft hinab ins Schwarz.
Eines Tages kommt die Kälte hinzu, die Maries Seele bedeckt, wie der erste Schnee die Blumen im November. Leise Schneeflocken fallen und schmelzen nicht mehr. Maries Welt wird weiß.
Sie sieht ihre Schritte und überhaupt alles, was sie tut, wie durch Glas. Lächeln, Weinen, Sprechen und der suchende Blick, der die Tür nach draußen nicht mehr findet.
Und dann fällt Marie nicht mehr auf. Niemandem.
Das kalte Weiß hat sie verschluckt. Marie hat den Boden unter ihren Füßen verloren, ist in tiefe Gewässer gestürzt. Langsam ist sie ertrunken, weil sie Luft von Wasser nicht mehr unterscheiden konnte. Die Kälte hat sie keineswegs gestört, nicht zum Aufwachen gezwungen.
Marie ist nicht mehr.

Schattenriss

Auf der Suche
nach dem Schattenriss
der mich befreit
aus rollenfestgelegter Welt.
Hin und wieder
trotz rutschfester Sohlen
der freie Fall
in Angepasstheiten.
Und dann folgend
der große Aufbruch
in eigene Fußstapfen.

Der Chef

„Diese Krawatte sieht geschmacklos aus. Wirklich.“ Sophie Rosa lächelt Walter Röhrli süßlich an.
„Ja, was raten Sie mir, Fräulein Rosa?“, fragt der Chef mit unterwürfigem Lächeln.
Wie sie diese Sorte Männer hasst, die sich von Frauen derart demütigen lassen und sie demonstrativ Macht ausübend mit *Fräulein* ansprechen.
Walter Röhrli ist Junggeselle in den Vierzigern. Sein rundes Gesicht ist sonnenbankbraun, fast ledern. Er hat mit seinen ein Meter fünfundsiebzig keine schlechte Figur. Ein bisschen zu muskulös vielleicht.
Seine Kleidung allerdings ist gewöhnungsbedürftig. Grüner Lodenmantel oder Lederjanker aus Lammvelours mit echten Hirschhornknöpfen, Jägerhut mit Erpelfeder, dazu braune oder olivefarbene Cordhosen mit passendem Trachtengürtel aus Vollrindleder. Dazu trägt er entweder ein rosa- oder mintfarbenes, manchmal auch weißes Oberhemd. Eine besondere Spezialität ist sein Leinenhemd mit Edelweißapplikationen auf dem Riegel. Auf seinen Krawatten befinden sich Enten, Fasane oder eben auch Dackel. Sein dunkelblondes Haar ist akkurat kurz geschnitten. Walter Röhrli fährt einen schwarzen 944er Porsche Cabrio. Aber kein Lüftchen kann ihm stets etwas anhaben. Er sieht immer penibel gepflegt aus mit diesem Kurzhaarschnitt.
Walter Röhrli ist der angesehenste Immobilienmakler der Stadt. Damals wollte Sophie neben ihrem Studium noch ein bisschen Geld verdienen. Bei dem Vorstellungsgespräch hat der Makler sie gierig angesehen und ihr sofort einen Vertrag angeboten.
„Ich würde die Blaue mit den Dackeln für den heutigen Anlass wählen“, haucht Sophie ihm entgegen.
Das ist passend für die Beerdigung seines Hundes: ein langer, kurzbeiniger linkischer, sturer Dackel.
Die Körperhaltung des Maklers wird noch unterwürfiger. „Meinen Sie? Wird sie auch meiner Mutter gefallen?“
Obwohl sie dasselbe Haus bewohnen, ruft seine Mutter täglich an, um sich bei den Sekretärinnen nach dem Wohlbefinden ihres Sohnes zu erkundigen. Für die Frauen Lena und Gitta sind diese

Augenblicke des Tages immer wieder amüsant, denn sie erfahren auf diese Weise Klatsch und Tratsch aus dem Hause Röhrli, die die schon etwas senile Mutter ausplaudert, wenn man sie nur ein wenig wortgewandt kitzelt.
Walter Röhrli greift überraschend nach Sophies Hand. „Danke! Wenn ich Sie nicht hätte!"
Tränen füllen seine stahlblauen Augen.
„Darf ich Sie heute Abend zum Essen einladen?"
„Ist doch nicht der Rede wert. Aber heute Abend bin ich leider schon vergeben."
Walter Röhrli verlässt mit gesenktem Augenschlag die Büroetage, um seinem toten Familiendackel das letzte Geleit zu geben. Sofort entspannen sich die Frauen.
„Mädels, heute sind wir ihn los", posaunt Lena.

Die Angewohnheiten des Walter Röhrli sind ebenfalls sehr gewöhnungsbedürftig. Die vollen Unterschriftenmappen werden auf die Theke des Sekretariats gelegt. Wenn Walter Röhrli seinen persönlichen Toilettenraum aufsuchen muss, gleitet er meist auf Strümpfen durch sein steriles Büro, greift sich eine Mappe und verschwindet in seinen heiligen Hallen. Die Damen dagegen haben ein eigenes, kleines, dunkles WC.
Ist Walter Röhrli mit der Unterzeichnung der Schriftstücke sowie seinem persönlichen Geschäft fertig, kommt er, umhüllt von einer penetrant riechenden Duftwolke, aus dem Badezimmer und legt einer der Damen die Mappe vor. Oft ist die Mappe an irgendeiner Ecke noch feucht. Dann schwebt der Chef auf Seidenstrümpfen zurück in sein Wohn- und Arbeitszimmer.
Walter Röhrli sitzt an seinem schweren Eichenschreibtisch, auf dem sich diverse Utensilien wie Bronzedackel als Briefbeschwerer, Brieföffner mit Entenkopf sowie einige Holzkästchen befinden.
Entsprechend seinem Outfit hängen an der rechten Wand Jagdtrophäen, ein Jagdhorn, Flinten und Pirschbüchsen sowie Jagdzeug. An der gegenüberliegenden Wand prangt ein in dunklen Farben gehaltenes Jagdstilleben.
Walter Röhrli starrt auf die tote Jagdbeute, die kläffenden Hunde und die von den Jägern triumphierend hochgehaltenen Waffen,

mit denen das arme Tier nach erfolgreicher Hetzjagd gemeuchelt worden war.
Hinter Walter Röhrli, schräg über seinem Kopf, thront eine weitere Jagdtrophäe. Das monströse Hirschgeweih ist so platziert, dass es aussieht, als gehöre es zum Kopf des Maklers.
So sitzt er hinter seinem Schreibtisch und diktiert kleine Bändchen mit unklaren Sätzen und immer wieder neuen Ausdrücken, die er irgendwann aufgeschnappt hat.
Sophie kann sich über die merkwürdigen, aber von allen allgemein anerkannten Regeln des Walter Röhrli nur lustig machen. Sie kontert, wo sie nur die kleinste Chance sieht, ihn bloßzustellen.
Als er Sophie über Telefon anpiept, piept sie einfach zurück. Sie wirft mit Fachbegriffen nur so um sich, wenn es um die Bedienung des Computers geht. Nicht einmal die einfachsten Dinge beherrscht der Chef und so kann sie ihm immer wieder Fallen stellen.
Täglich spürt Sophie mehr und mehr ihre Lustlosigkeit, ihm Dinge zu erklären, die er sowieso nicht begreift. Er ist eben ein Mann, zu dem ein dummer Mann. Und das Allerschlimmste: Er spielt Chef. Immer öfter lässt Sophie ihn reden, einfach ins Leere laufen. Als sie begreift, wie viel Wirkung ihre Haltung zeigt und wie gut ihr diese Art der Verteidigung tut, wird sie immer ein Stückchen mutiger.
Walter Röhrli spürt ihren Widerstand. Er fühlt sich provoziert. Aber es macht ihn offensichtlich an. Er plustert sich auf. Unübersehbar: Er begehrt sie.
„Ihr müsst euch euren Chef besser erziehen!“, posaunt Sophie durch das ganze Büro, ohne auch nur im geringsten Rücksicht darauf zu nehmen, ob er das hören könnte.
Walter Röhrli hört es. Er hört jedes einzelne Wort und es braut sich hinter seiner braunen Stirn Wut zusammen.
Aber er kann nichts tun. Sophie gibt offiziell nicht den geringsten Anlass, um eine Kündigung auszusprechen.

An einem verregneten Freitag hat Walter Röhrli einen Termin außer Haus. Natürlich handelt es sich um ein Objekt, das er einer armen Witwe in Not für wenig Geld abgeluchst hat und nun für viel Geld weiterverkaufen will.

Sophie betritt ruhig das Wohn- und Arbeitszimmer des Maklers und schließt die Tür. Geradewegs läuft sie auf das Hirschgeweih zu, klettert auf den Schreibtischsessel und lockert vorsichtig den großen langen Nagel, an dem das Geweih befestigt ist. Jetzt muss sie nur noch warten.
Als Walter Röhrli mit siegessicherem Lächeln das Büro betritt, hat Sophie schon alle Fenster geöffnet. Die Gardinen flattern in der Zugluft.
Walter Röhrli rauscht ins sein Arbeitszimmer und setzt sich hinter seinen aufgeräumten Schreibtisch. Lena hat indessen schwarzen Tee für den Chef gekocht und betritt gerade das Arbeitszimmer, als Sophie in den Konferenzraum geht, um das große Fenster zu öffnen. Anschließend geht sie zur Tür hinaus, ohne sie zu schließen und setzt sich auf ihren Platz. Plötzlich schlägt die Tür des Chefs in den Rahmen, gefolgt von einem weiteren dumpfen Aufprall.
Kein Laut ist zu hören. Langsam erhebt sich Sophie von ihrem Bürostuhl und geht in Richtung Chefzimmer.
Nur nicht zu schnell, lass ihm Zeit, denkt sie sich. Dann öffnet sie vorsichtig die Tür.
Lena steht reglos zwischen zerbrochenem Teegeschirr und starrt verdutzt auf den Chef, der leicht gekrümmt, auf seinem Kopf das Hirschgeweih, in seinem schwarzen Ledersessel sitzt.
Der Notarzt kann nur noch den Tod des Maklers Walter Röhrli feststellen.

Männerauslachstimmung

Kopfhoch trage ich
mein breitmündiges Lachen
ins Himmelhoch

Wenn Männeraugen
immer größer werdend
hinter mir her glotzen

Und ich
wippend meinen Hintern
durch Straßen führe.

Bekannte Spielregeln

Anna öffnet mechanisch die Tür, ohne auch nur im geringsten darauf zu achten, wer sich hinter der Tür verbirgt. Wie immer, wenn Anna ein solches Klopfen vernimmt. Er benutzt nicht die Klingel. Niemals.

Seine Art zu klopfen ist stets gleich. Alle Tage sind es diese zwei kurzen Berührungen seines langen, angewinkelten Zeigefingers gegen die Tür. Anna hat das noch nie gesehen, aber sie kann sich das genau vorstellen.

Mit nichts sagendem Blick steht er vor Anna. Tag für Tag begrüßt sie ihn mit den gleichen Worten. Und wie immer gibt auch er die übliche Antwort. Nicht zu vergessen: Ein flüchtiger Kuss auf Annas Wange. Wie Anna das hasst! Eine Konversation zwischen zwei Menschen, die sich schon in wenigen Worten erschöpft. Jedes Mal wirkt dieser Dialog bedrückend und entmutigend auf Anna.

Wieder ist ein Monat vergangen. Annas Koffer liegt auf dem Bett. Nur noch der dicke Pullover und die Jeans fehlen. Wieder einmal ist Anna mit dem Packen fertig.

Immer sind es dieselben Worte. Er fragt Anna, ob sie ihn verlassen will. Anna antwortet stets mit einem kurzen *Ja.* Dann lächelt er, nimmt Anna in seine Arme und erklärt ihr in wenigen Sätzen, warum alles so ist, wie es ist. Sie schlafen miteinander, essen eine Kleinigkeit und anschließend geht er zurück in seine Welt, in der es für Anna keinen Platz gibt.

Dieses Spiel hat Regeln, die einfach kein Ende zulassen wollen, ähnlich einer Spirale. Ein endloser Kreislauf. Anna kann an keine Veränderung glauben.

Er ist ein merkwürdiger Mann, der scheinbar niemanden braucht. Auch nicht Anna. Aber Anna braucht ihn. Er ist ein Mensch, der nie etwas von sich selbst verlangt. Ein Mann ohne Träume. Er langweilt sich. Und er langweilt Anna.

Die Rebellion ihres Körpers macht ihr mehr und mehr zu schaffen. Die körperlichen Schmerzen, die Anna verspürt, sind wirklich da. Sie hat schon überlegt, die Tür einfach nicht mehr zu öffnen. Durch den Spion zu beobachten, was er tut, wenn sie nicht auf

sein Klopfen reagiert. Aber sie weiß, dass sie das nicht aushalten will. Wie würde sie sich fühlen, wenn er gehen würde?
Sie überlegt, die Wohnung zu verlassen. Aber wo soll sie hin. Ohne Ziel geht sie nicht aus dem Haus. Anna ahnt, dass sie sich auch heute in die spannungslose Stimmung fügen wird. Seine Stumpfheit ist schon Gewohnheit.

Anna blickt auf ihren Koffer.
Keine Erinnerungen will sie mitnehmen. Nicht den schwarzen Filzhut, nicht den Seidenschal, keine Fotos und auch nicht den Stoffhund, den er ihr anfangs geschenkt hat. Nichts, was Anna an ihn erinnert. Sie will nicht mehr mitspielen. Dieses Mal hat sie sich ein Ziel ausgedacht.
Anna setzt sich auf den Koffer. Das Schloss will einfach nicht zuschnappen. Gewaltsam zwingt sie ihn in seine Schranken. Sie dreht den Kofferschlüssel einmal herum und steckt ihn anschließend in ihre Jeanstasche.

Anna sieht in das Gesicht des Mannes. Er sieht sie schweigend mit seinen großen Augen an. Blau und groß sind sie, wie Anna sie selten gesehen hat. Seine Ausstrahlung hat plötzlich etwas sehr Lebendiges. Anna überlegt kurz, ob sie etwas übersehen hat in der letzten halben Stunde. Wieso spielt er nicht seine Rolle? Er sieht sie an und steht langsam auf.
„Du willst mich wirklich verlassen?“, fragt er vorsichtig.
Völlig verblüfft über diese Frage sieht Anna zu ihm hinüber. Sie fängt sich aber gleich wieder.
„Ja, dieses Mal wirklich!“, sagt Anna schnell.
„Und du bist dir ganz sicher?“
Er will offenbar ihren Spielplan durcheinander bringen.
Anna ist plötzlich sprachlos. Ihr Magen ist spürbar leer. Sie steht da, rührt sich nicht und wartet auf ein ihr bekanntes Zeichen. Aber nichts passiert. Anna fühlt sich gleich einer Glaspuppe. Würde er Anna jetzt mit seinem langen Zeigefinger antippen, sie würde umfallen und zerbrechen. Er berührt sie nicht.

Wieder hat er alles in seiner Hand. Dabei hat sich Anna alles gut überlegt. Die einfache Zugfahrkarte, der Koffer im Schließfach mit einem Abschiedsbrief, ein einsames Zugabteil, eine mit einer Überdosis Schlaftropfen versetzten Weinflasche. Irgendwann würde es dunkel sein. Sie würde nichts mehr spüren, wenn der Zug in das Morgen rauscht.

Er geht in die Küche und holt zwei Weingläser. Immer noch regungslos lässt Anna alles geschehen. Ihre Augen verfolgen ihn. Aber eine unbändige, bisher nicht gekannte Wut steigt in ihren Körper und findet keinen Ausweg.
Er nimmt die Rotweinflasche, die auf dem Glastisch steht und füllt die Gläser ohne ein Wort. Sein Gesicht sieht ungewöhnlich entspannt aus. Dann nimmt er sein Glas in die rechte Hand, im Begriff anzusetzen. Er zögert einen kurzen Augenblick, als sich ihre Augen treffen. Aber dann fordert er Anna durch ein Augenzwinkern auf, mit ihm anzustoßen.
„Auf uns und darauf, dass wir eigene Wege gehen werden. Du den deinen und ich den meinen“, sagt er leise.
Als er das Weinglas mit den Schlaftropfen an seinen Mund führt, sieht er Anna plötzlich unsicher an. Mit einem Zug leert er sein Glas, schenkt sich ein, trinkt den Wein und füllt erneut sein Glas. Anna stellt ihr Glas unangetastet auf den Glastisch. Er lächelt so seltsam.

Alles ist nur ein Spiel. Ein Spiel mit bekannten Regeln, einem Verlierer und einem Gewinner.
Anna lächelt jetzt auch.

Hoffnungslos

An dem Nichts ersticken
tiefe innere Leere
immerzu suchen
nach ein bisschen Etwas

Hoffnungslos
ein jeder Augenblick
wenn Schatten meine Seele fressend
sich hungernd stürzen auf Restgefühle

Beziehungslosigkeit
Kehle zugeschnürt
nackte Resignation
verschlingt Gedanke um Gedanke

Liebe hält den Atem an.

Ein schlechtes Mädchen

Charlotte und Louis kannten sich inzwischen seit vierzehn Jahren. Sie hatten seit ihrem ersten Zusammentreffen eine Affäre, verabredeten sich regelmäßig Montag, Mittwoch und Freitag in verschiedenen Hotels und tauschten Körperflüssigkeiten aus. Mehr nicht. Sie gingen weder Essen noch ins Theater oder in die Oper. Für diese Aktivitäten hatte Charlotte ihren Ehemann, der im übrigen ganz anders war als Louis.
Charlotte und Louis trafen sich in den umliegenden Hotels und Pensionen, um sich wollüstig in Betten zu wälzen, sich in großen Badewannen oder im Sommer auf den zu den Zimmern gehörenden Balkonen zu lieben. Laut stöhnend - hier kannte sie niemand.

Charlotte war eine groß gewachsene Frau mit rotem Haar. Mit der Zeit war sie um die Taille herum ein bisschen mollig geworden. Aber da sie lange Beine hatte, fiel das nicht weiter ins Gewicht. Meistens war sie gut gekleidet, manchmal allerdings mit einem Touch ins Billige. Vor allem, wenn Sie sich mit ihrem Liebhaber traf. Charlotte war Mitte fünfzig und hatte bisher ein schönes Leben. Dafür sorgte ihr millionenschwerer Mann Ewald und letztendlich auch sie selbst, in dem sie sich ihren Genüssen leidenschaftlich hingab.
Louis war ein kleiner, mit einem gewissen Chic gekleideter, immer sehr gepflegter Mann, ebenfalls in den Fünfzigern. Er war charmant, lustig und trotz seines Bauches sehr wendig. Das musste er auch sein, denn Charlotte liebte schnelle Positionswechsel während des Liebesaktes.
Charlotte war seit einunddreißig Jahren mit Ewald verheiratet. Sie hatte sich damals mehr in sein Vermögen als in ihn verliebt. Denn Ewald war das ganze Gegenteil von Louis: ein steifer Bürotyp. Leider kein Bürohengst. Er hatte keine Lust auf Gespräche, außer wenn sie gerade einen Opern- oder Theaterbesuch hinter sich hatten. Dann ergoss er sich geradezu in musischen Schwärmereien oder schöpferischen Kritiken.
Aber das Schlimmste an ihm war sein langweiliger Sex. Ewald war kein Liebhaber, kein Genießer. Sex gehörte in einen dunklen, luftleeren Raum. Er brachte den Geschlechtsakt als solchen schnell

hinter sich und suchte sofort die Dusche auf, um sich von allen Körperdüften zu reinigen, die ihn entlarven oder erinnern könnten. Charlotte hielt diese Minuten nur mit Hilfe ihrer Phantasien oder mit den Erinnerungen an den wendigen, fantasievollen Liebhaber aus.

Lättamorgenduft zog Charlotte in die gepuderte Nase. Sie blätterte in einer Frauenzeitschrift. Auf der Seite BODY & SOUL las sie *good news - bad news: Viagra, ein echter Glücksbringer - allerdings mit einigen Nebenwirkungen.* Nein, Louis brauchte diese Wunderpille nicht und bei Ewald war es sowieso zwecklos.
Ewald goss frischen Kaffee in die großen Tassen. Seine spürbare Aufgewühltheit machte ihn irgendwie verdächtig. Frühstück am Sonntagmorgen war Charlotte einfach nicht gewohnt von ihrem reichen Gatten.
„Wir müssen miteinander reden, Charlotte!"
Das klang komisch in ihren Ohren.
„Ich möchte mich von dir scheiden lassen", sagte Ewald leise.
Er zögerte einen Augenblick und dann hallten die Worte in Charlottes Ohren.
„Vor einiger Zeit habe ich dich in Begleitung eines Mannes gesehen. Ehrlich gesagt, ich habe dich fast nicht erkannt. Im ersten Moment starrte ich dir nach, ohne zu wissen, dass du es bist. Charlotte, ich habe dir vertraut."
Charlotte verdrehte ihre großen Augen.
„Ich habe eine Detektei beauftragt", fuhr Ewald fort. „Ich weiß alles!"
Charlotte dachte einen Augenblick nach.
„Nun gut, der Mann, mit dem du mich gesehen hast, ist mein Liebhaber. Das leugne ich nicht. Aber bitte, trenn dich nicht von mir. Bitte Ewald! Gib uns noch eine Chance! Unsere Gemeinsamkeiten liegen doch auf ganz anderen Ebenen." Mit flehenden Augen stand Charlotte jetzt vor ihm.
Auch Ewald dachte einen Augenblick nach. Dann folgte eine Abhandlung über Liebe, Vertrauen, Ehe und Enttäuschung.
„Charlotte, wir haben keine Chance mehr. Vielleicht schaffen wir es, Freunde zu bleiben!" Und damit endete sein Prolog.

„Freunde?“ Charlotte schluckte. Tatsächlich war das nicht in ihrem Sinne.

Am darauf folgenden Montagabend hatten sich Charlotte und Ewald verabredet. Montags wühlte Charlotte eigentlich mit Louis in Betten. Aber heute erschien es ihr angebrachter, ihre Verabredung mit Louis zu verschieben. Es ging schließlich um ihr zukünftiges Leben, das genauso leicht und bequem weiterlaufen sollte wie bisher.
Langsam zog Charlotte ihre schwarzen Seidenstrümpfe an. Die schwarze Reizwäsche saß perfekt. Sie hatte auch mit Fünfundfünfzig noch eine straffe Figur. Ihr voller Busen quoll unanständig aus ihrem halben Büstenhalter, der lediglich ihre Brustwarzen bedeckte. Der String bedeckte die nach der Rasur übrig gebliebene kleine Scham. Charlotte duftete nach Angel von Thierry Mugler. Diesen Duft liebte Ewald noch heute an ihr. Dann zog Charlotte ihr schwarzes Seidenkleid über die Reizwäsche und schlüpfte in die hochhackigen Pumps. Die roten Haare fielen sanft auf ihre Schultern. Perfekt! Ihr Dekolleté lag wunderbar offen wie auf einem Präsentierteller.
So hatte Ewald sie nie gesehen. Heute Abend musste sie ihn verführen. Es ging um alles oder nichts.
Und tatsächlich stockte ihm der Atem, als er das Wohnzimmer betrat. Ihn empfing eine angenehme Wärme; die Kerzen brannten feierlich und eigentlich sah es nicht so aus, als könnte er in dieser Atmosphäre über Scheidung sprechen. Ewald setzte sich neben die Frau, die ihm in diesem Aufzug gar nicht vertraut war.
„Charlotte, um Gottes Willen, wie siehst du aus?“
Charlotte beugte sich vorsichtig vor.
„Wir wollen doch über deine wirklich schlechte Idee sprechen“, hauchte sie ihm entgegen. „Glaubst du wirklich, ich wäre mit einer Trennung einverstanden? Aber bitte! Nun, jetzt, wo ich sowieso bald ohne dich leben muss, kann ich dir auch mein wahres Ich zeigen. Die feine Dame hat sich über die Jahre in eine andere Frau verwandelt und du hast es nicht mal bemerkt.“
Ewald sah sie irritiert an. Er griff zum Weinglas und nahm einen kräftigen Schluck. Er war gehemmt. Diese Frau war nicht die Ehefrau, mit der er noch letzte Woche im Theater war. Das war

nicht die Frau, die immer zugeknöpft und unnahbar war. Aber die Frau, die nun vor ihm saß, gefiel ihm.
Wieder griff er zum Weinglas und trank es mit einem Zug aus.
Jetzt hatte Charlotte ihn da, wo sie ihn hinhaben wollte. Sie musste lediglich die Wirkung dieser hellblauen Tabletten abwarten. Allerdings, eine hätte gereicht, um seine Potenz in die Höhe flitzen zu lassen, um ihm das Blut aus dem Gehirn zu pusten.
Ewald spürte eine sonderbare Hitze in seinem Körper. Er zog seine Strickjacke aus und legte sie ordentlich auf den Sessel. Er musterte die Frau, von der er sich eigentlich scheiden lassen wollte. Sein Blick bohrte sich in ihr Dekolleté.
Charlotte beugte sich noch ein wenig vor, um an ihr Weinglas zu gelangen. Ihre Brüste sprangen fast aus dem Büstenhalter. Geschickt ließ sie ihr Kleid hoch rutschen und Ewald sah nun die Strapse unter dem kleinen Schwarzen hervorlugen.
Plötzlich durchzuckte es ihn. Ewald spürte einen wahnsinnigen Druck. Sein Penis wurde hart und sein Verstand setzte Stück für Stück aus. Er war nicht in der Lage, sich gegen dieses starke Gefühl zu wehren. Ewald wollte Charlotte jetzt sofort. Er grabschte unter ihr Kleid, fühlte den String und riss wie irre an ihm herum. Sein hochroter Kopf sah gespenstisch aus.
Charlotte versuchte, ruhig zu bleiben. Geschickt öffnete sie seinen Reißverschluss und zog Hose und Slip herunter. Sein Penis sprang ihr mit gewaltiger Größe entgegen und stand hochgewachsen vor ihr. Charlotte lehnte sich zurück in das weiche Sofakissen und spreizte ihre Schenkel. Langsam zog sie Ewald zu sich. Sie war sich sicher, es konnte nicht lange dauern.
Ewald bewegte sich schnell und geschickt. Dann bäumte er sich auf und kam zum Ende - zum vorläufigen Ende. Denn sein Penis entspannte sich keineswegs. Ewald konnte nicht mehr aufhören. Auf seiner feuerroten Stirn zeigten sich dunkelblaue Adern, sein Herz raste und sein ganzer Körper war derart heiß, dass Charlotte diese Hitze kaum aushalten konnte. Aber es musste doch laut Beipackzettel bald ein Ende haben.
Immer wieder kam Ewald zum Höhepunkt. Plötzlich schrie er ganz erbärmlich. Er bäumte sich auf und sackte gleich darauf mit seinem ganzen Gewicht in sich zusammen. Charlotte hatte Mühe, sich von der Last seines Körpers zu befreien.

Ewald lag vor ihr. Die Augen quollen dick aus seinem Kopf hervor. Sein Blick war starr an die Decke gerichtet. Charlotte legte ihren Kopf auf seine Brust. Es war kein Herzschlag zu spüren. Ewald war tot. Sein Penis aber war immer noch im erigierten Zustand. Als Charlotte ihn anfasste, fühlte er sich heiß und fest an. So konnte sie ihn auf keinen Fall liegen lassen. Der herbeigerufene Arzt würde vielleicht nicht sofort auf eine Überdosis Viagra kommen.
Charlotte ging in ihr Schlafzimmer und zog sich aus. Sie duschte ausgiebig und zog ihre schwarze Bundfaltenhose und ihren sandfarbenen Kaschmirpullover an.

„Bad news werden mit bad ideas bestraft", sagte Charlotte leise vor sich hin. Und sie dachte an viel mehr. Sie war ein schlechtes Mädchen. Und sie war es gerne! Ihr Leben hatte einen neuen Anfang. Schlechte Mädchen haben auch böse Ideen. Das war so ähnlich wie Minus mal Minus ergibt Plus.

Täuschung

Sorgfältig ziehe ich
mit Lippenstift
Konturen meiner Lippen nach
- weiß -
Maskeraden für euch!
Wie Ihr mich sehen wollt,
so werde ich euch
- täuschen -

Kleine Geheimnisse

Zuweilen dachte Sophie sich in ihre Zukunft. Eingesperrt in ihren eigenen Verrat. Das hatte sie sich selbst angetan.
Als Sophie ihn kennen lernte, versprach er Ehrlichkeit. Aber Ehrlichkeit war nichts als sein unerträglicher Pessimismus. Sie musste sich seine Launen gefallen lassen. Selbst wenn seine Launen sich nicht gegen sie richteten - Sophie fühlte Verachtung.
Er stieß Sophie durch Gefühlsgärten, in denen sie sich nicht auskannte. Sie hatte Angst vor seinen Geheimnissen, vor den dunklen Ecken seines Gemütes.
Sophie hatte keine großen Geheimnisse. Ihre Offenheit verriet sie. Sie konnte sich keine Geheimnisse leisten. Aber während sie offen aussprach, was ihre Seele berührte, lächelte er selbstzufrieden und dachte sich satt an seinen Geheimnissen.
Irgendwann hielt Sophie diese Stimmungen nicht mehr aus. Sie machte ihre Schublade auf und wurde geheimnisvoll. Sie kramte - suchte Vergessen und Berührung zugleich.
Die Briefe des anderen dufteten nach Unbeschreiblichkeit. Der Duft sog sich in ihren Körper. Sophie atmete reine Luft, spürte die Vergangenheit auf ihrer Haut, die gerade vier Stunden alte Berührung seiner Hände auf ihrem Körper. Es war eine bekannte Leidenschaft, in die sie langsam eintauchte, die ihr den Verstand raubte. Er war Sucht.
Sophie klingelte. Die Tür wurde geöffnet. Ein zarter Kuss auf ihre Wange. Sie sog den Geruch seiner Umgebung tief in sich. Später saßen sie irgendwo. Gemeinsam atmeten sie den Rauch seiner Zigarette, ließen Kringel in die Wolken fliegen, berührten Hände, durchsegelten den blauen Himmel und vergaßen das, was sie immer wieder trennte.
Zu Hause setzte sie sich wieder den Launen des anderen aus. Bis zum nächsten Mal.

Nichts

Nichts will ich dir abnehmen,
nicht die Angst,
nicht die Schritte,
die du auf mich zugehen musst,
nicht die Veränderung
und auch nicht den Schmerz,
den ich dir jetzt zufüge.

Damit du begreifst,
dass du jetzt am Zug bist.
Laufen musst du!
Vielleicht sogar rennen,
um mich wieder einzuholen,
sonst bin ich weg.

Die Staubhexe

Als die verliebte Mirella von Herrn Dr. Wolf Egomann geheiratet wird, verpuppt Mirella sich und wird neugeboren: Als Hausfrau oder auch die Frau im Haus.
Mittlerweile etwas übergewichtig tanzt sie Tag für Tag den gleichen Rhythmus, während der Bankier und Ehegatte Herr Dr. Wolf Egomann sich seinem überaus wichtigen Job widmet. Mirella wirbelt aus dem Bett in die Küche, treppauf, treppab, durch das ganze Haus hinaus in den Garten, zurück in das Haus, in die Küche und wieder zurück ins Bett.
Solange Herr Dr. Wolf Egomann geschäftliche Entscheidungen trifft, fegt Mirella durch das ganze Haus, auf ihrem Besen sitzend, Staub für Staub hinweg.
Wenn Herr Dr. Wolf Egomann abends nach Hause kommt schaut er unverändert geschniegelt und piekfein aus. Lediglich ein bisschen Nässe unter seinen Achseln ist zu erkennen. Derweil fühlt sich Mirella ganz schwitzig und elend, als müsse sie ersticken an dem Staub und dem Dreck, der nicht allein ihrer ist, ihr aber aus berufsethischen Gründen hinterlassen wird. Kein Geschenk des Himmels.
So fügt sie sich in ihre Rolle, in die sie gar nicht hineinpasst. Beinahe jeden Abend wird sie von ihrem Gatten beschlafen, gestrafft und geglättet, damit sie wieder in sein Schublädchendenken passt. Auf diese Weise sind seine Aufgaben als Ehemann erfüllt. Da fühlt er sich sicher.
Mirella schließt einen Pakt mit dem Teufel.

Eines Morgens saust Mirella wieder auf ihrem Besen durch die Wohnung. Sie schwingt ihren Besen so gründlich wie nie zuvor. In einem großen Beutel sammelt Mirella allen Staub, den sie finden kann.
Als Herr Dr. Wolf Egomann die Haustür betritt, kann Mirella gerade noch ihren Zauberring auf den linken Zeigefinger streifen. Sie murmelt unverständliche Worte und beginnt zu tanzen.
Herr Dr. Wolf Egomann lässt erstaunt seinen Aktenkoffer fallen, der auf einmal schwer und groß wird. Als er sich umsieht, kann er gar nichts mehr erkennen, außer, dass er sich zwischen flusenarti-

gen Wölkchen befindet. Zornig stampft er mit dem linken Füßchen auf.
Mirella aber nimmt den kleinen, vor Wut mit dem Beinchen stampfenden Herrn Dr. Wolf Egomann in ihre Hände und stopft ihn kurzerhand in den mit Staub gefüllten Beutel. Kräftig schüttelt sie die Papiertüte.
Als Mirella ihr Ohr ganz dicht an den Beutel hält, kann sie sein Husten, seine erstickten Schreie hören. Nach einer Weile hört sie nichts mehr. Mirella schüttet die Papiertüte aus und sucht das Männlein. Herr Dr. Wolf Egomann liegt regungslos im schwarzen Anzug zwischen Brotkrumen, Staubflocken und ihren schwarzen langen Haaren.

Die Staubhexe Mirella holt ihre neue Errungenschaft aus dem Besenschrank. Sie wird ab heute eine moderne Staubhexe sein. Mirella schaltet den Staubsauger an und saugt alles auf. Auch Herrn Dr. Wolf Egomann.

Typisch Frau

Sie glaubt,
dass sich immer alles lohnen muss:
das kann doch nicht sein,
dass die ganze Plackerei
umsonst war -
geopfert hat sie sich
ihre Wünsche und Träume verstümmelt
alles getan
für ihn.

Und das Ergebnis
gönnt sie keiner anderen!
Lieber lässt sie sich demütigen,
stirbt täglich Tode
obwohl:
sie hat ihn ja schon gut *hingekriegt*.

Ein Todesgefühl

Nachdenklich langsam knöpfte Eva ihr farbloses Kleid auf, ließ es über Schultern, Brust, Beine gleiten. Dann stand sie nackt vor dem Meeresspiegel und tauchte ihre Füße in sandiges Nass.
Kälte kribbelte ihre kleinen Füße. Sie schmerzten. Ihre Hände berührten den fühllosen Körper. Das Zittern der Hände bemerkte Eva nicht. Aber die Augen sahen es, je näher ihr Gesicht sich dem tiefen Blau zuwandte. Wellen umspülten die Frau. Immer stärker fühlte sie die Wucht des Wassers gegen ihren Bauch, in dem Welten passierten.
Evas Füße bewegten sich vorwärts, magisch angezogen von Endlosigkeiten ihrer Gedanken und der Unendlichkeit des Meeres. Kälte durchfuhr sie, Angst und Widerstand. Energien prallten aufeinander. Explosionen in ihrem Kopf.

Aus welchem Grund auch immer Eva diesen Ort aufgesucht hatte, sie musste sich Klarheit verschaffen, bevor sie sich für den endgültigen Schritt in andere Welten entschied.
Gedankensprünge in ihrem Kopf. Gläserne Wortstücke zersplitterten in der Luft. Zuviel Widerstand in Körper und Seele.

Mann hatte ihr die Kraft genommen. Die Figuren, in die Mann Eva immer wieder hineinzuzwängen versucht hatte, zerflossen in nicht greifbare Formen, wurden mit dem Blau, in dem sie stand, eins.
Eva hatte sich in Rollen quetschen wollen, die viel zu eng waren. Zu leise waren die Signale ihrer Seele. Unhörbar aus Überlebenswillen. Aber es führte Eva geradewegs in Tode hinein.
Mit jeder neuen Begegnung brach in ihr Chaos aus. Evas Profil verschwamm im Wortklang. Nichts machte sie erkennbar. Fließend hüpfte sie von einer Begegnung zur anderen. Eva stöhnte temperamentvoll laut von einem Schoß in den nächsten, immer auf der Suche nach ihrem Gesicht.
Keiner verstand die Frau. Keiner sah ihr wahres Gesicht. Ihre Hilferufe flogen an Augen und Ohren vorbei, wurden immer leiser. Irgendwann verstummte sie. Stunden wurden zäh. Die Frau

verfiel langsam in Unsichtbarkeit, bettete sich in Schweigen. Und dann tauchte sie langsam hinab in das Blau.

Eva ließ sich treiben, hielt die Luft an, bis ihre Lungen fast platzten. Besinnungslosigkeit machte ihre Seele frei. Ihr Körper suchte sich den Weg zurück. Die Flut spülte sie an den Anfang der Geschichte.

Als Eva erwachte, brannten sich Sonnenstrahlen in ihr Gesicht. Schatten zeigte Profil. Sie richtete sich auf, ließ das Meer hinter sich und auch die Vergangenheit. Ihre Füße fühlten Boden und wagten Schritte in eine neue Geschichte.

Angst verspürte Eva noch oft. Aber Angst ist nicht das Schlimmste.

Ein Stück Freiheit

Gehe ich ins Wasser
schwimme nur ein Stückchen
hinaus ins Meer
spüre noch den Sand
unter meinen Füßen
aber sonst schwimme
ich frei wie ein Fisch
bis ans Meeresende
einfach so allein
ohne euch -

Von meinem Ausflug
bringe ich euch
eine Muschel mit
sozusagen als Belohnung
dass ihr mich gelassen habt.

Der Maskenträger

Charmant, zuvorkommend und immer einen Witz in Petto. „Ein netter Mann!“, sagen die Bekannten und die nicht so guten Freunde. Der beste Freund schweigt. Der beste Freund weiß mehr.

Ein netter Mann. Seine Welt scheint völlig in Ordnung zu sein. Auch seine Mutter glaubt das. Sie muss das glauben, denn sonst gerät ihre Welt durcheinander.

Der Mann ist der Freund vieler Menschen, Geschäftsmann, Hausmann, Liebhaber. Seine Freunde sind die Menschen. Die Menschen sind seine Freunde. Alle.

Auffällig ist seine große Empfindsamkeit, mit der er schwer zurechtkommt. „Eine merkwürdige Sensibilität“, sagt der beste Freund.

Der Alltag hat seine Ordnung. Plötzlich packt es ihn und schleudert ihn aus seiner wohlgeordneten Welt. Denn die hat er sich gebaut. Um zu überleben

Wenn seine Kästchenwelt von Gefühlen überschwemmt wird, kann er nicht mehr vorwärts, nicht mehr rückwärts gehen. Kann er keinen klaren Gedanken mehr fassen. Und dann ruft der Mann die Menschen an. Die Menschen sind seine Freunde.

Er spricht über Gefühle, die er zu haben glaubt. Der Mann fragt, wo und wie er sie einordnen soll. Er sucht Rat bei den Menschen, weil er seine Gefühle nicht versteht. Um so mehr die Menschen versuchen, ihm seine Gefühle auseinander zu legen, zu deuten, um so mehr verstrickt er sich in diesen Gefühlen, so dass es den Menschen schlussendlich unmöglich ist, überhaupt nachzuvollziehen, was dieser Mann eigentlich von sich selbst will.

Der Mann sieht ein. Er versteht. Aber er kann es nicht umsetzen. Seine eigenen Regeln stehen ihm im Weg. Er ist hilflos. Wenn die Menschen versuchen, ihm etwas darzulegen, nickt er mit dem Kopf, stimmt zu, weint vor Freude, weil er etwas verstanden zu haben glaubt. Doch eine halbe Stunde später fragt er das Gleiche.

Die Menschen sehen ihn verwundert an. Weil sie aber glauben, er hätte es einfach noch nicht verstanden, legen sie ihm das bereits Gesagte nochmals auseinander.

Der Mann nickt wieder mit dem Kopf, stimmt zu, weint vor Freude, weil er es nun verstanden zu haben glaubt. Doch eine halbe Stunde später kommt er abermals mit den gleichen Fragen zu denselben Menschen.
Die Menschen schütteln resignierend den Kopf. Sie sagen ihm, er soll doch bitte genau zuhören und das Gesagte verinnerlichen. Er soll sich die Zeit nehmen. Der Mann sieht nachdenklich aus. Das beherrscht er aus dem Effeff.
Er sagt, dass er das nicht verstehen kann. Beim besten Willen. Er kann es nur immer für einige Minuten verstehen. Doch dann ist das Gesagte wieder weg und dieselbe Frage kreist in seinem Kopf.
Von Tag zu Tag wird der Mann unsicherer. Er fragt die Menschen, was er fühlt. Was er fühlen soll. Die Menschen versuchen ihm bei seiner Gefühlssuche zu helfen. Sie mutmaßen, was er fühlt.

Der Alltag hat seine Ordnung. Fein säuberlich gestapelt liegen die Masken neben den teuren Hemden des Geschäftsmannes. Farbige Masken. Traurige Masken. Lustige Masken. Masken für jeden unklaren Augenblick. Das gibt ihm Sicherheit. Er muss nun nicht mehr nachdenken über seine Gefühle. Nur darüber, welche Maske am sinnvollsten ist.
Die Gefühle des Mannes sterben allmählich. Ersticken unter den vielen bunten Masken. Die Lebendigkeit hat er verloren.

Der Mann hat einen Namen, ein Haus, ein Auto und einen Beruf. Er ist Hausmann, Geschäftsmann, Liebhaber, Maskenträger. Er ist charmant, zuvorkommend und hat immer einen Witz in Petto.

Seine Freunde sind nicht mehr seine Freunde. Aber die Menschen sind immer noch die Menschen.

Mann der Zeit

Mann hat Familie
sitzt er teilnahmslos
im Sand
während seine Frau
sich abmüht
mit den Kindern
sitzt er da nichts sehend
stiert in den Sand
zählt die Körner in einer Hand.

Plötzlich ein Leuchten
in seinen Augen
- er hält inne -
etwas vor ihm
zappelt ganz aufgeregt
lebendig entdeckt er
um sich schauend seine sonst
in Schuh' und Strümpf'
versteckten Füß'.

Das Tier

Helen kauert auf dem Boden. Die große, flache Hand kommt mit enormer Schnelligkeit auf sie zu. Trifft ihre rechte Gesichtshälfte in voller Breite.
Nach der Taubheit kommt der Schmerz. Keine Erholung. Eine Fußspitze bohrt sich in ihren Bauch. Das brennende Gefühl und eine starke Übelkeit folgen. Karl entfernt sich von der auf dem Boden liegenden, nach Luft ringenden Frau.
Langsam entspannt sich Helens Körper. Vorsichtig setzt sie sich auf, lehnt sich mit ihrem Oberkörper an die Wand und versucht sich zu sammeln.
Einzusammeln. Sie bemüht sich jedenfalls.
In ihr entwickelt sich plötzlich ein völlig neues Gefühl. Unbändiger Zorn macht sich erst in ihrem Kopf, dann in ihrem ganzen Körper breit.
Wut gegen Karl.
Immer wieder hat er sie geschlagen, misshandelt, gedemütigt. Es sind geringe Anlässe, die im Vorhinein nicht zu erkennen sind. Dieser Mann ist zu einer unberechenbaren Kraft gewachsen.
Karl hat sich beruhigt. Er setzt sich auf einen Küchenstuhl, stützt seine Arme auf die Knie und versteckt das Gesicht in seinen großen Händen. Verstört. Unsicher.
Die Fenster geschlossen, dass niemand da draußen hören kann, was sich hier oben im dritten Stock abspielt. Karl bedauert mal wieder. Stille.
Stundenlang hat Helen schon auf ihn eingeredet, dass irgendetwas mit ihm nicht stimmt, er vielleicht krank sei, ihm aber doch sicher geholfen werden könne.
Immer wieder seine Versprechungen, etwas zu ändern, zum Arzt zu gehen. Aber nichts passiert. Nichts, außer neue Wutanfälle, die immer schlimmer und aggressiver werden.
Helen wird immer verzweifelter, ängstlicher und unsicherer. Man hat sie schon wegen ihrer Verletzungen im Gesicht angesprochen. Sie lügt. Und jeder weiß, dass sie lügt.
Karl bedauert.
Helen steht vorsichtig auf. Ihr Gesicht ist rot geschwollen. Ihr Magen schmerzt. Schweigend geht sie ins Bad, wäscht sich das

Gesicht und kühlt die geschwollenen Stellen. Der Schmerz verwandelt sich in bestialische Wut.
Als Helen im Spiegel ihre Hand sieht, erschreckt sie sich. Die Hand ist grauschwarz behaart und mit scharfen Krallen versehen. Doch beim Anblick dieser Pranke ist ihr nicht unwohl. Es beruhigt sie.
Helen geht zurück in die Küche.
Karl sitzt immer noch auf dem Stuhl. Jetzt aufrecht. Sein Gesicht hat sich wieder verändert. Keine Reue mehr zu sehen.
Helens Gesicht ist das einer Wölfin. Ohne zu zögern, geht sie auf Karl zu, holt aus und schlägt ihm mit ihrer Pranke ins Gesicht. Einmal. Zweimal. Dreimal.
Karl stürzt zu Boden. Keine Gegenwehr.
Helen packt ihn mit der anderen Pranke und drückt ihn zu Boden. Sie beugt sich über ihn und beißt ihm die verdammten Hände ab. Knochen zerbrechen. Karl verblutet. Sein Herz ist kalt.

Endlich gibt es Helen wieder. Die Zähmung ist fehlgeschlagen. Am Abend geht Helen durch leblose Straßen. In ihrem Herzen ist es warm. So warm wie lange nicht mehr.

Trügerische Liebe

Zu was wir fähig scheinen,
wenn Liebe sich stürzt:
auf unsere hungernden Seelen -
Liebe grenzensprengend
sich in uns nach allen Seiten ausbreitet,
wie ein wildes Wasser
ohne Halt -
wir innerlich ertrinken
an Lebensdurst
und:
Liebe Gefühlsleichen gebärt.

Die Frau im Netz

Da war sie wieder. Franks Traumfrau: vollbusig, schlank, blaue Augen, lange glatte blonde Haare - einfach unglaublich sexy. Name: Susan. Alter: neunundzwanzig Jahre. Und was sie sonst so von sich gab, klang in Franks Gehirn alles andere als dumm.
Sie hauchte ihm Worte entgegen, die ihn aufforderten, sich fallen zu lassen, in eine andere Dimension umzusteigen und sich total zu entspannen.

Während Frank sich mit Susan vergnügte, lag im Schlafzimmer, gleich nebenan, seine Frau Maren und schlief. Das glaubte er jedenfalls.
Maren war das ganze Gegenteil von Susan: rothaarig, flachbrüstig - eher knabenhaft.
Frank und Maren waren seit drei Jahren verheiratet. Glücklich verheiratet. Frank war treu. Niemals würde er ein weibliches, fleischliches Wesen ansprechen, geschweige denn anfassen.
Doch Susan hatte ihn in ihren Bann gezogen. Er hatte nur noch eins im Kopf: Flirten mit der Frau im Netz. Bei Susan war alles anders.
Wenn er sich nachts in seinen Sessel zurücklehnte und sich von Susan mit neckischen Aufforderungen anheizen ließ, begann er mit sich genüsslich zu spielen.
Anfangs beschränkte sich die kleine Sünde auf die Abende, an denen Maren mit Freundinnen unterwegs war. Später traute er sich auch mit Susan zu spielen, während Maren schlief. Seine Sicherheit, nicht ertappt zu werden, nahm täglich zu. Denn inzwischen traf er sich mit der Frau im Netz bis zu fünf Mal pro Woche. Der Reiz lag darin, Susan nicht anfassen zu können. Sie verlangte nichts, sondern war auf der gebenden Seite.
Mit Maren war das anders. Maren war fordernd, liebte keine großen Vorspiele, kam immer sofort zur Sache. Keine Frage, dieser kurze, heftige Akt machte Frank Spaß. Aber der Genuss blieb auf der Strecke.
Jetzt gab es Susan.

Maren hatte eine Ahnung. Eines nachts war sie hinter Franks Geheimnis gekommen, als sie ihn lustvoll stöhnend vorfand. Sie schlich auf Zehenspitzen durch die Wohnung und lauschte interessiert den ihr vertrauten Tönen. Zugegebenermaßen fand sie Franks Tick anfangs gar nicht schlimm. Eher amüsant. Manchmal ließ sie sich von seinen Tönen inspirieren.

Dann wagte Maren den ersten Kontakt mit der Frau im Netz. Sie sah sie sich an, die Frau, die ihren Mann so sehr in den Bann gezogen hatte. Susan hauchte ihr ähnliche Worte entgegen wie Frank. Tatsächlich konnte sich Maren dieser Frau auf dem Bildschirm auch nicht entziehen. Sie spürte ein unglaubliches Verlangen, sich diesen obszönen Aufforderungen hinzugeben.
Jetzt traf sich Maren immer regelmäßiger mit der vollbusigen Blonden. Natürlich nur, wenn Frank nicht da war. Maren verspürte immer weniger Lust, mit Frank zu schlafen. Vielmehr reizte sie diese Frau, die so anders war als sie selbst.

Eines Abends, Frank war mit Kollegen Essen, begann Maren, sich in das Netz einzuklicken. Es reizte sie, ihr Gegenüber kennen zu lernen. Maren wählte Susan an. Nach wenigen Sekunden bekam Maren Antwort von der Frau im Netz. Stundenlang saß Maren nun vor dem Computer.
Frank indessen vergnügte sich ebenfalls mit Susan. Aber irgendwie war Susan anders. Er glaubte, eine gewisse Lustlosigkeit zu spüren. Vielleicht lag es an ihm. Vielleicht hatte Susan an Reiz verloren. Außerdem fühlte er sich seit Tagen krank. Frank wurde von krampfartigen Bauchschmerzen gequält. Zudem hatte er Kopfschmerzen, hin und wieder ein merkwürdiges Schwindelgefühl.

An einem Donnerstagmittag stand Frank unerwartet im Türrahmen. Er war blass und klagte über Übelkeit. Maren kochte ihm einen Kamillentee. Sie tat, was sie tun musste, um ihn von seinem Leiden zu befreien. Am späteren Abend lag Frank teilnahmslos auf dem Sofa. Zwischenzeitlich schloss er die Augen und schlief. Er schien in seinem Körper gefangen. Sein Geist war da. Doch sein Körper wurde von Stunde zu Stunde schlaffer. Er spürte seinen immer langsamer werdenden Atem, war aber nicht im Stande, etwas dagegen zu tun oder sich mitzuteilen. Dann schloss er die Augen und fiel in einen minutenlangen, tiefen Schlaf.

Als er die Augen öffnete, sah er verschwommen Marens lächelndes Gesicht. Sie saß an seiner Seite und hielt seine Hand. Jemand betrat den Raum. Frank sah die Silhouette einer Frau auf sich zukommen.
„Es ist gleich vorbei. Sein Körper kann sich gegen das Gift nicht mehr wehren. Er hört gleich auf zu atmen."
Entsetzt sah Frank in das Gesicht der Frau, deren Stimme er gerade vernommen hatte. Auch Susan lächelte nun. Sie streichelte Maren über die Haare und küsste sie innig auf den Mund.

Farbe

Manchmal
wechseln Zeiten
und man kennt sich nicht mehr aus -
als hätte man sich gedreht:
im Kreis.

Richtungslos taumelt
die Seele:
weiß nicht wohin
und vor allem:
warum.

Sicher -
ein Nachsinnen:
weshalb die Drehung im Kreis
und ohne Sturz
überlebt -
aber was nun?

Hauptsache
es passiert:
Bewegung
schafft neue Perspektiven
die Welt bekommt Farbe:
und das Gesicht auch.

Die Veränderung

Anna knallte mit dem Gesicht auf den frisch gewachsten Boden, schlug sich das Herz auf, das Gefühl Leben schwand aus ihren Adern und ihre Augen blickten in grelles, weißes Licht.
Niemand konnte ihr so genau sagen, was passiert war. Aber es ging eine Veränderung in Anna vor. Die Erlebnisse der letzten Jahre, die Erfahrungen ließen zugleich Hassliebe und Ohnmacht in ihr wachsen.
Hatte Anna bis gestern noch gewusst, wie sie einen Fuß vor den anderen zu setzen hatte, so wusste sie heute nicht mal mehr, ob es ihre Füße waren, auf denen sie stand.
Aber sie stand gar nicht. In diesem Moment lag Anna mit dem Gesicht in ihrem Herzen, das rot pulsierend nach Luft schnappte.
Sie wusste nicht mehr zu denken. Der für sie sonst so leichtfüßige Denkvorgang schwamm zäh in ihrem Hirn, schwappte manchmal über und machte sie vergesslich.
Annas Nerven zuckten blaue Tinte auf weißes Papier, aber ihre Schrift war schlecht. Unleserlich stammelte sie Blabla in kleine Ohren. Mann half ihr auf die Füße, aber sie stürzte wieder, wieder und wieder.
Irgendwann begriff Anna: Mit dem Gesicht im Herzmann nach rot pulsierenden Gefühlen jagen, Hände blutig schlagen und Füße vergessen, stürzen und statt auf die Hände in eine Ohnmacht fallen - Anna war bedürftig nach wahrnehmbarer Veränderung.
Selbstverachtung war das Wort, das sie wie einen Mitesser aus ihrem Hirn quetschte.
Anna spielte nicht mehr mit, lehnte Taktikregeln ab. Langsam setzte sie einen Fuß vor den anderen und stopfte ihre Adern mit Selbstliebe.
Anna schnitt Mann kleine Ohren ab, damit die Öffnung größer wurde, in die sie meckern wollte.
Wenn Anna heute das Gesicht aus unanständigen Gründen aus der Verankerung reißt, schafft sie sich Wortwelten. Dort ruht sie sich eine Zeit lang aus, bis sich wieder ein Gefühl Leben einstellt, die Nächte aus Traumsprache an Wichtigkeit verlieren, Anna die Augen aufmacht und atmet.

Entsagung

Wenn du weißt!
wie ich mich fühle
wenn du weißt!
was mir fehlt
und!
statt es mir zu geben
dich ein schlechtes Gewissen quält
entsteht in meinem Kopf!
ein ÜBERDIMENSIONALES Fragezeichen!

Positivdenkerin

In freiem Fall
tief ins Schwarz
harter Aufprall
dann
der Blick nach oben
ins Licht.

Ein Dichterschicksal

Vorsichtig öffnet Luise die Schreibzimmertür. Marcel v. G. sitzt mit dem Rücken zu ihr gewandt an seinem Schreibtisch. Er bemerkt nicht ihr Kommen. Wahrscheinlicher aber ist, dass er sie nicht bemerken will.
Luise sieht ihm über den Rücken. Seit Wochen schreibt er nun an dieser Geschichte. Buchstabe für Buchstabe ordnet sich auf dem Papier. Neunundsiebzig Seiten hat Marcel bereits mit seiner alten Triumph-Schreibmaschine beschrieben. Alles unwichtige Dinge, findet Luise. Unwichtiger jedenfalls als das Leben selbst. Luises Wunsch, nach der schlichten und unauffälligen Hochzeit ein gemeinsames Leben aufzubauen, ist gescheitert. Marcel schreibt das Leben nieder, dass er nicht lebt.
Luise spricht Marcel an. Doch der hebt seine linke Hand und fordert mit dieser Geste ihr Schweigen. Aus purer Verzweifelung hat Luise angefangen, Tagebuch zu schreiben. All ihren Seelenschmerz und Kummer wird sie darin los. Das ist wieder so ein Tag, den sie als *verloren* in ihrem Tagebuch notieren kann.

Als Luise in ihrem Zimmer sitzt und aus dem Fenster schaut, kommt ihr der Gedanke, sich von Marcel v. G. zu trennen. Aber niemals wird er einer Trennung zustimmen.
Luise beugt sich über ihr Tagebuch. Bald ist sie auf den letzten Seiten angekommen. Während sie sich die Buchstaben ihrer schönen Schrift ansieht, rauschen viele Gedanken durch ihren Kopf.

Marcel steht im Morgengrauen auf. Er macht sich einen Milchkaffee und setzt sich ungewaschen an seinen Schreibtisch. Er reibt sich die Augen. Das, was er sieht, lässt nur den Schluss zu, dass er noch betrunken ist.
Auf der ersten weißen Seiten liegen die schwarzen Buchstaben aufgehäuft zu kleinen Türmchen. Marcel blättert vorsichtig. Aber er findet alle Seiten leer. Die Buchstaben rutschen von den Seiten auf den Schreibtisch, vom Morgenmantel geradewegs auf den Fußboden. Irritiert sucht er nach einer noch beschriebenen Seite. Eine Seite, auf der die Buchstaben noch wohlgeordnet einen Sinn ergeben.

Luise ist schon längst aufgestanden. Allein hat sie Ihr Frühstück eingenommen und sich dann angekleidet. Sie macht den Besenschrank auf. Sie muss sich nun den Dingen widmen, die Marcel grundsätzlich für sinnlos hält.
Unterdessen sucht Marcel die auf dem Boden liegenden Buchstaben und schichtet sie feinsäuberlich, Buchstabe für Buchstabe, auf den Schreibtisch.
Luise öffnet die Türe seines Schreibzimmers. Ein Luftzug lässt die mühsam aufgesammelten und geordneten Buchstaben wieder auf den Teppichboden fliegen. Voller Panik krabbelt Marcel auf dem Boden herum und sammelt erneut die kleinen schwarzen Schriftzeichen auf.
Luise lächelt. Sie nähert sich dem neinschreienden Gatten. Mechanisch fährt sie mit dem Staubsauger über den Teppich. Auf und ab Richtung Schreibtisch. Die ersten Buchstaben sausen in den leisen Staubsauger. Voller Verzweifelung hält Marcel den Staubsauger fest, greift dann nach Luise. Aber es ist zu spät. Ein paar A's, D's, I's und ein B liegen verwaist auf dem grauen Teppichboden. Und ein Punkt liegt da, ganz klein und schwarz.
Zusammengesunken sitzt Marcel auf dem Fußboden. Er weint leise vor sich hin. Luise aber schließt die Tür. Lächelnd geht sie in die Küche. Sie hofft, dass nun alles seinen Lauf nimmt.

Am nächsten Morgen findet sie Marcel im Garten, blass und kalt. Die Haare hängen ihm nass ins Gesicht. Der leichte Regen hat seine Kleidung feucht werden lassen.
Luise ruft vorsichtshalber einen Krankenwagen. Es könnte noch Leben in Marcel stecken. Aber nachdem sie Marcel gemeinsam vom Baum abgehängt haben und die dicke Schlinge, die seinen Hals hat dünner werden lassen, durchgeschnitten haben, kann der Arzt nur noch seinen Tod feststellen.

Worte

Manche Worte überflüssig,
die wir uns in die Herzen trieben.
Tausend Tode die Folge -

Manche Tode überflüssig,
die unsere Sehnsüchte sterben ließen.
Tausend Worte die Folge -

Ein Anspruch

Mein Mund hält nichts
vom Schließen bis zum Verschweigen,
hält nichts von Lügen.

Das Lügennetz hat Fadenanfang,
hat Fadenende -
Verstrickungen sind möglich,
doch vermeidbar.

Der Fluss von Auge zu Mund
fließt bergab:
eine jede Lüge stirbt aus mir heraus.

Der Künstler

Er malt Bilder. Stundenlang sitzt er vor seinem Zeichenblock. Mit Pinsel und Farben setzt er Striche auf Weiß.
Er zeichnet sein Leben, verweilt in seinen Stimmungen, weit über den Akt des Malens hinaus. Das Leben ist ihm schwer. Er wollte immer etwas anderes werden. Aber er glaubt, dass die meisten Menschen ihren Beruf nicht lieben. Man muss sich in das Leben fügen.
Seine Kindheit war Krieg. Nach dem Krieg gab es keine Auswahl. Er hat viel kämpfen müssen. Auch im Beruf. Irgendwann war Familie. Da konnte er nicht einfach alles hinwerfen.
Er malt von Fotografien: Gegenstände, Häuser, das Meer, dunkle Landschaften, Portraits, Tiere. Nicht das, was in seinem Kopf entsteht. Er zeichnet auf Papier und malt in seinem Kopf. Das ist nicht das Gleiche.
Ein Bild ist fertig. Er ist es nicht. Das Wort stört ihn.
Wenn er in Rente geht, will er seine Bilder ausstellen. Er hat ein Atelier in den Garten gebaut. Er ist Architekt.
Nie hat er das getan, was er immer wollte. Die Idee ist in dem Augenblick vorbei, wenn er sie umsetzt. Ausdauer liegt ihm nicht. Er findet keine Befriedigung am Neuen.
Seinen Beruf hat er gehasst, dreißig Jahre ununterbrochen. Nachts konnte er nicht mehr schlafen. Dann ist er durch sein selbstgebautes Haus gewandert. Unruhig. Dann hat er wieder gemalt. Eine Vase. Eine Landschaft. Ein Gesicht. Das Meer.
Sein Leben hat Ränder, aus denen er zu fliehen versucht. Künstliche Bilder, die niemand versteht. Er ist ein Lebenskünstler.

Bewusstsein

Den Spiegel vor Augen
schemenhaft mein Gesicht
verschwommene Konturen
wandle ich
durch die scheinbar gläserne Wand
drehe mich um
rückblickend vorwärtsstrebend
erkenne ich plötzlich
mit ganzer Schärfe
mein Spiegelbild.

Die Rückkehr

Er stolpert mit letzter Kraft in die Ambulanz des Hospitals und kann sich gerade noch auf einen Stuhl setzen. Das Blut schießt in Intervallen aus seiner Halsschlagader. Der Druck des schmutzigen Tuches kann das Blut des tiefen Schnittes an der rechten Halsseite nicht zum Stoppen bringen.
Malise de Marquet rennt durch den Flur. Sie hat ihn beim Blick aus dem Fenster kommen sehen. Als sie vor ihm steht, sackt er in sich zusammen.
„Endlich sind Sie da. Ich kann nicht mehr."
Malise sieht sich die klaffende Wunde an. Es muss schnell gehandelt werden, sonst wird er verbluten.
„Wie heißen Sie? Sagen Sie mir Ihren Namen!" Malise brüllt ihn fast an. Sie hat Angst, er könnte kollabieren.
„Sprechen Sie mit mir! Sie dürfen jetzt nicht ohnmächtig werden!"
„Farfoue – mein Name ist Jacques Farfoue. Werden Sie mir jetzt helfen?"
„Was ist denn passiert?"
„Selina, meine Frau – sie bekommt ein Kind!"
„Nein, ich will wissen, wer sie so zugerichtet hat?"
„Selina! Ich will das Kind nicht!"
Malise sieht in die Augen des stöhnenden Mannes. Tiefschwarze Pupillen bohren sich in ihre freundlichen blauen Augen. Sie kennt ihn.

Malise beugt sich über die schreiende Frau. Seit Stunden geht die Geburt nicht voran. Das Kind liegt falsch.
„Ich muss es drehen. Es kann so nicht raus." Die Hebamme schiebt ihre Hemdsärmel hoch.
Der Arzt sieht die Hebamme lächelnd an.
„Ich kann da nichts tun." Und dann etwas leiser: „Wieder ein Frauenzimmer, das nicht in der Lage ist, ein Kind zu kriegen."
Malise schaut Jacques Farfoue entsetzt an.
„Sie müssen doch nur einen kleinen Schnitt machen. Dann kann ich das Kind drehen. Bitte – es geht doch um Leben und Tod."

„Es tut mir leid, Malise. Es ist Gottes Wille, wenn sie ihr Kind nicht auf natürliche Weise bekommen kann. Und es ist Gottes Wille, wenn beide nicht leben können.“

„Was sind sie nur für ein Mensch?“

Ohne zu zögern, greift Malise nach der Schere. Ein kleiner Schnitt und sie kann das Kind im Mutterleib drehen. Der Schrei der Frau übertönt das Weinen des Kindes. Malise hat es geschafft. Mit einem winzigen Schnitt hat sie zwei Leben gerettet.

Jacque Farfoue hat alles mit Argwohn mitangesehen. Er hat sich nicht mehr eingemischt. Das eigenmächtige Handeln dieser Hebamme ist ihm schon lange ein Dorn im Auge. Und sie ist ihm unheimlich.

Eines nachts hat er Malise gesehen. Sie stand im halbdunklen Raum und bereitete wieder eine ihrer Kräutersalben zu. Er hat sie so lange beobachtet, bis sie auf ihrem Hexenbesen davonflog. Das war kein Traum. Da ist er sich ganz sicher.

Malise wird von sechs Männern in schwarzen Umhängen und Masken vor den Augen abgeholt. Es muss schnell und heimlich passieren, denn Malise ist beliebt in dem kleinen südfranzösischen Städtchen. Alle schätzen ihre Kunst, Kinder gesund auf die Welt zu bringen.

Vor Gericht muss Malise sich erklären. Immer wieder versucht sie den Inquisitoren, die hoch über ihr thronen, begreiflich zu machen, dass es doch ihre Pflicht gewesen ist, Leben zu retten – im Namen Gottes. Tagelange wird Malise gefoltert, um ihr ein Geständnis zu entlocken. Dann hat sie keine Kraft mehr. Sie schweigt. Für die Inquisitoren Beweis genug, dass sie schuldig ist.

Im Jahre 1571 wird Malise der Hexerei beschuldigt und zum Tode verurteilt. Sie stirbt in den lodernden Flammen eines Scheiterhaufens.

Wie aus einem Sekunden andauernden Traum erwacht Malise. Sie erkennt ihn.

„Tun sie doch etwas!“, hört sie den Mann sagen. Er stöhnt. Er muss unerträgliche Schmerzen haben.

„Es tut mir leid, ich kann Ihnen nicht helfen.“ Sie lächelt ihn sanft an. „Es ist Gottes Wille!“

Mit Leichtigkeit

Wenn Frau endlich
kraftvoll
eigene Wege geht
ist auch Mann endlich
ruhig
nicht immer den Kopf hinhalten zu müssen
Verantwortung getragen
von vier Schultern

Und die,
die es immer noch nicht verstanden haben:
ex und hopp